FÖRSTA
STEGET

© Juhani Korvo & Henric Hagelberg 2017
Illustrationer © Tina Andersson 2017
Förlag: BoD – Books on Demand, Stockholm, Sverige
Tryck: BoD – Books on Demand, Norderstedt, Tyskland
ISBN: 978-91-7699-634-8

TACK

Ett stort och varmt tack till Tina Andersson för att du tagit dig tid och ritat illustrationer till boken! Utan din hjälp hade våra exempel, och hela boken varit betydligt torftigare.

Vi har också haft stor hjälp av vänner och kollegor som investerat sin tid, sitt kunnande och sina kritiska blickar. Er feedback har varit ovärderlig.

Stort tack till Er alla!

Moa Manneberg, Filip Axell, Malin Olkkola, Anna-Karin Bergsten, Pauline Eriksson, Isabel Prieto, Åsa Viktorsson, Daniel Hornwall, Johan Ohlander,

Kristoffer Säfström, Josefin Andersson, Madeleine Brodén och Simon Dahlström.

Växjö, oktober 2017
Juhani och Henric

Prolog

- "Det verkar inte vara något fel på ditt hjärta i alla fall."
Läkaren tittade ner i sin pärm med provsvar och lyfte
sedan blicken. Han tittar Sara rakt i ögonen. Sara kom
till akutmottagningen med hjälp av en kollega. Kollegan
lägger sin hand på Saras axel och Sara började gråta.
Förtvivlan, otillräckligheten, tröttheten och skammen
vällde fram inom henne.

- "Min bästa gissning är att det här är något psykiskt,
fortsatte läkaren, hur har du haft det den senaste tiden?"
Frågan fick Sara att färdas tillbaka i tiden. Hon ser sig
själv i skolbänken i sjunde klass. Det var bråkigt hemma
mellan mamma och pappa. Det hade det varit länge.
Sara minns att hon hade en jobbig känsla i magen som
hon inte visste vad hon skulle göra med. Den ville inte
försvinna. Sara bestämmer sig för att försöka inte tänka
på det jobbiga, hon ska göra bra ifrån sig i skolan. Hon
vill inte ställa till besvär. Mamma och pappa har det re-
dan jobbigt som det är.

Saras plan fungerar mycket bra. Hon får höga betyg,
kommer in på sin linje på gymnasiet och trivs som fis-
ken i vattnet både där och senare på universitetet. Sara
gillar verkligen att sätta upp mål och sedan nå dem. Det
bästa hon vet är att överträffa andras förväntningar på

1

henne. Hon ger alltid ett glatt och sorglöst intryck inför sina vänner. "Det viktigaste är att fokusera på det positiva" brukar hon säga till vänner som har det svårt. Visst, ibland känner Sara sig vilsen och ensam, men det brukar oftast bli bättre om hon bara biter ihop. Sara vill inte belasta sina vänner eller familj med att hon mår ganska dåligt ibland. "Det blir väl aldrig bättre av att älta allt det negativa" tänker hon och biter ihop.

På Saras första jobb blir hon snabbt uppskattad för att fixa det som behöver fixas. "Det är till Sara man går om man vill ha något gjort - igår!" skämtar chefen vid vårfesten. Alla skrattar och Sara också. Sara är uppskattad. Livet går helt enligt planerna. Hon träffar en partner och de flyttar ihop.

Saras jobb vill satsa på henne. Hon blir tillfrågad om att ta mer ansvar och lite smått smickrad tackar hon ja. Hon börjar arbeta över. Det blir mer resor i jobbet. Saras partner är förstående och vill absolut inte stå i vägen för hennes satsning på karriären. Det är verkligen spännande att få chansen att utvecklas! Sara märker att hon har mindre tid över för vänner och familj, men hon känner sig ändå trygg med att de kommer finnas där för henne om hon behöver dem.

Beskedet om pappas sjukdom kommer oväntat och slår hårt. Sara har haft dålig kontakt med honom under lång tid. Det blir för svårt för Sara att hantera alla läskiga känslor. Flykten går till jobbet. Sara går upp i sin karriär. Hon jobbar sent. Jobbar helger. När hon är hemma måste hon vila. Sara tappar lusten att umgås med vänner. Hon slutar träna. Sara har en stor klump av otillräcklighet i magen som inte vill försvinna hur mycket hon än pressar sig på jobbet. Under tiden blir

Saras pappa sämre. Sjukdomen har spritt sig och det är nu bara en fråga om tid innan han inte lever längre. Det börjar bli mycket svårt för Sara att visa sig glad och positiv. Hon är extremt trött, men kan inte sova på nätterna. Hon känner sig jagad. Det känns som att hon måste fly.

Sara får sin första panikattack vid skrivaren på jobbet. Det är svårt att sätta fingret på vad som startar den. Hon minns att hon börjar känna sig varm och svettig. Det är svårt att få luft och hon försöker kämpa ner luft i sina lungor. Hjärtslagen dunkar i huvudet och det trycker över bröstet. När en kollega hör henne hyperventilera sticker hon in huvudet och frågar hur det står till. Sara måste hålla sig i skrivaren för att inte ramla ihop. Sara minns att hon hör sin kollega kalla på hjälp.

Nu sitter hon i ett rum på akutmottagningen. Det verkar inte vara något fel på hennes hjärta.

1. Introduktion

Den här boken handlar om att leva det liv som du vill leva. Den har som mål att hjälpa dig göra konkreta förändringar i ditt liv. Förändringar som gör att du använder mer energi till det som är viktigt för just dig.

Utgångspunkten för boken är en metod som heter ACT. Det uttalas som ett ord (engelskans "agera") och står för Acceptance and Commitment Therapy. ACT är en vidareutveckling av Kognitiv Beteendeterapi och baseras på vetenskapliga metoder och principer.

Forskningsstödet för metoden är starkt och användningsområdena växer snabbt. ACT används bland annat för behandling av depression, kronisk smärta, panikångest, tvång, stressrelaterad ohälsa, viktproblem, m.m.

I boken kommer du hitta information, övningar, verktyg och exempel som bygger på metoden. Vi rekommenderar att du arbetar med materialet från första till sista kapitlet i den ordning som det presenteras. Du behöver inte ha bråttom - snarare föreslår vi att du tar god tid på dig så att du hinner reflektera och uppmärksamma vad som händer.

Alla övningar, exempel och experiment vi kommer föreslå att du prövar har som mål att hjälpa dig komma närmare ett liv som du vill leva. I stora drag handlar det om att först klargöra och upptäcka vad som är viktigt för just dig. Nästa steg är att pröva strategier för att hantera de hinder som står i vägen för dig.

Vi som skrivit den här boken arbetar som legitimerade psykologer (vi har erfarenhet av psykiatri, primärvård, företagshälsovård och rehabilitering av långvarig smärta).Vi hoppas att du finner materialet häri lättillgängligt, tänkvärt men framför allt användbart och till hjälp.

FÖRÄNDRING

Ledordet för arbetet i den här boken är förändring. Vi menar då konkret och mätbar beteendeförändring - det vill säga att göra mer av vissa saker och mindre av andra. Kanske är det så att du just nu tänker –"Men jag har så mycket ångest - först måste jag väl bli av med den?!" eller "Först måste jag hitta ork och motivation innan jag ens kan börja fundera på att ändra vad jag gör!" eller "Hur ska jag kunna förändra något när jag är så här stressad?!".

Det är vanligt att tänka så. Vi kommer förklara mer om detta längre fram. För tillfället föreslår vi att du bara noterar om du får sådana tankar och låter dem vara tankar –varken mer eller mindre.

Nu när du sitter med den här tunna boken i din hand har du faktiskt redan tagit ett första steg mot förändring. Du kunde lika väl låtit boken ligga kvar i hyllan du tog den från eller låtit bli att ladda ner den. Så grattis till dig, du har redan börjat din resa mot ett rikare liv!

Man har i studier av självhjälp på nätet sett att de som gör övningarna är de som har störst nytta av behandlingen. Därför är det viktigt att du verkligen går in för att pröva det som tas upp här – inte bara läsa om det. Så hämta en penna med en gång om du inte redan har en i närheten.

VEM SKA LÄSA DEN HÄR BOKEN OCH VARFÖR?

Har du valt att läsa den här boken för att du känner dig ledsen? Eller för att du upplever att du oroar dig mycket? Kanske känner du ångest i vissa situationer? Eller att din kropp reagerar på sätt som du inte vill? Tycker du att ditt självförtroende eller självkänsla är ett problem? Kanske känner du dig väldigt stressad eller utmattad? Lider du av en smärta som inte vill ge med sig? Kanske är det så att du inte tycker om din kropp eller ditt utseende?

Om du känner igen dig i något av ovanstående tycker vi att du ska ge materialet i den här boken en ärlig chans. Vår erfarenhet och ett stort antal forskningsstudier visar att du själv kan öka ditt välbefinnande och din livskvalité om du använder dig av verktygen i den här boken.

Du står just nu inför en spännande utmaning tillsammans med oss – Henric och Juhani. Vi kommer finnas med och använda exempel ur våra liv för att göra det extra tydligt för dig. Den här resan kommer bli kul men också lite läskig. Vi vågar lova att den kommer att förändra ditt liv. I nästa kapitel ska vi beskriva hur arbetet i boken är upplagt.

Tips: För att hjälpa ditt minne på traven och öka din inlärning kan du börja med att läsa sammanfattningen innan du läser hela kapitlet.

Den här boken handlar om att leva det liv som du vill leva. I boken beskrivs en metod som heter ACT. Det är en vetenskaplig metod som används inom många områden och har starkt stöd i forskning. Det är viktigt att du arbetar igenom övningarna i boken för att få effekt.

2. Hur du kan hjälpa dig själv

I den här boken kommer vi presentera verktyg för att du ska kunna leva ditt liv så som du vill. I just detta kapitel nummer 2 presenterar vi hur arbetet kommer gå till. Vi använder oss av en modell som kallas Bussmetaforen. Det gör vi för att det ska bli lättare för dig att förstå vad den här boken erbjuder. Modellen är inget som vi kan ta åt oss äran för - Bussmetaforen används i många sammanhang där man arbetar med ACT. Modellen upplevs av de flesta som ett användbart verktyg för att komma igång med och hålla fast vid beteendeförändringar.

EN BUSSCHAUFFÖR, EN BUSSCHAUFFÖR...

Föreställ dig att ditt liv fungerar ungefär som en buss på utflykt. Själva Bussen ska få symbolisera ditt medvetande. Längst fram i bussen sitter busschauffören, hon har fötterna på pedalerna och händerna på ratten. Föreställ dig att du är den här busschauffören. Du sitter där i bussen med möjlighet att styra den åt höger eller vänster, du har också möjlighet att bestämma hastigheten, ju mer du gasar desto snabbare går det. Vart bussen åker symboliserar det du gör i ditt liv - de aktiviteter och saker som du gör och engagerar dig i.

Bak i bussen sitter det passagerare. Det är olika tankar, känslor, kroppsliga reaktioner och impulser som kan dyka upp i ditt medvetande. Låt oss säga att på en plats sitter rädslan, på en annan det dåliga självförtroendet, nedstämdheten är en tredjepassagerare som sitter tätt intill självkritiken. Du är ute och kör din buss och passagerarna sitter på sina platser.

Plötsligt ser busschauffören en avfart som leder till en destination som hon vill komma till. Till exempel "tillbringa tid med mina vänner". Chauffören slår på blinkersen och gör sig redo för att svänga sin buss i den riktningen. Då vaknar passagerarna i bussen till liv; det dåliga samvetet, ångesten och stressen gaddar ihop sig med trötttheten och tillsammans börjar de gå fram mot busschauffören. Hon kan se dem i backspegeln när de närmar sig i mittgången. "Glöm det där - du har inte tid!", "du måste ju göra allt det här först", "Det var ju så längesen du hörde av dig till dina kompisar - att ringa dem nu kommer ju bara verka konstigt!", "du är för trött för att vara bland folk - du kan inte svänga av här helt enkelt!" Passagerarna ser verkligen mycket skrämmande ut när de närmar sig. Vad kan chauffören göra i detta läge?

TVÅ OTILLFREDSTÄLLANDE ALTERNATIV

Ett första alternativ är att vår hjältinna busschauffören väljer att slå av sin blinkers. Hon tittar skrämt och bönande på passagerarna genom backspegeln och säger: "OK, förlåt mig! Jag ska hålla mig här på vägen rakt fram och inte göra några utsvävningar, men lova att ni är tysta då och slutar upp att skrämmas på det där viset!" Chauffören kör sedan bussen längs vägar så att det är tyst och lugnt i bussen. Den outtalade överenskommelsen är att passagerarna är tysta bara så länge chauffören kör på vägar där de varit förut.

Ett andra alternativ är att busschauffören stannar bussen vid vägrenen. Hon vänder sig sedan bakåt i bussen mot de anstormande passagerarna för att argumentera emot dem - "Nej nu får ni faktiskt vara tysta, hur ska jag kunna göra något som jag vill när ni bara för en massa oväsen?" Chauffören fortsätter sedan att försöka få tyst på passagerarna genom att argumentera emot det de säger eller genom att hota dem på olika sätt. Chauffören agerar som om att hon måste få tyst på alla de här passagerarna innan hon kan köra dit hon vill.

Båda de här alternativen lämnar chauffören lite missnöjd. Genom att försöka få tyst på de skrämmande, sårande eller irriterande passagerarna släpper hon kontrollen över vart hon kör bussen. I första exemplet gör hon som hon alltid gjort. I det andra blir hon stående och tar sig ingenstans. Det är lätt att förstå hennes instinktiva önskan att få det lugnt och tyst i bussen. Men det är också lätt att se hur det påverkar var bussen hamnar. Chauffören tillbringar inte mer tid med sina vänner - det som hon egentligen ville från början. Hon kommer inte närmare det liv som hon vill leva.

ETT TREDJE ALTERNATIV - STYR BUSSEN DIT DU VILL

Chauffören har ytterligare ett alternativ som hon kanske inte är medveten om till en början. Hon kan släppa kontrollen över vad passagerarna gör och säger och istället behålla kontrollen över vart hon kör bussen. Passagerarna kan säga många hemska saker för att skrämma chauffören. De vet vilka knappar de ska trycka på för att såra henne eller skaka om henne. Rädslan målar upp de mest hemska scenarion för att få henne att inte lämna sin komfortzon. De kan skrämmas och hota. Men det är också allt som passagerarna kan göra.

Passagerarna är tankar och känslor som definitivt kan upplevas som mycket obehagliga eller tvingande. Men de kan inte påverka chaufförens händer eller fötter direkt. De kan bara styra och kontrollera henne indirekt. Chauffören kan däremot vänligt observera och lyssna till det de säger och kanske också lägga märke till att hon är rädd. Sedan kan hon likväl styra sin buss dit hon vill. Det kommer säkerligen vara mer liv och ståhej i bussen till en början. Men chauffören har återtagit kontrollen över vart bussen åker.

UTGÅNGSPUNKTER FÖR ARBETET I BOKEN

När vi lägger största delen av vår energi på att kontrollera eller få tyst på passagerarna i vår buss riskerar vi att istället tappa kontrollen över vart bussen åker. När vi försöker styra, kontrollera och undvika vissa känslor, tankar eller upplevelser leder det ofta till att vi begränsar oss själva. Våra liv börjar då kännas mer grå och tråkiga. Vi upplever tillvaron som mindre meningsfull.

Ett exempel är att tacka nej till sociala aktiviteter eftersom vi är rädda för att känna ångest eller nervositet. Ett annat exempel är att stanna kvar på jobbet till sent på kvällen för att slippa dåligt samvete för allt som man inte hunnit göra. Ett tredje exempel är att man förlorat lust och motivation och tackar nej till något som tidigare varit roligt.

Det är mycket vanligt att vi låter oss styras indirekt av högljudda passagerare på bussen. Detta gäller både de av oss som brottas med psykisk ohälsa och de av oss som inte gör det. Principen för arbetet i denna bok är alltså väldigt enkel - välj det tredje alternativet. Lägg din energi på att styra vad du gör. Detta är ofta ganska svårt och därför behöver vi träna och öva på det. Boken innehåller många övningar för att du ska kunna hjälpa dig själv.

ÖVERSIKT ÖVER ARBETET I BOKEN

Arbetet du gör i den här boken kan förstås utifrån bussmetaforen. Kapitel 3 och 4 handlar om hur våra naturliga reaktioner att hantera svårigheter ofta får oss att tappa kontroll över riktningen på bussen. I kapitel 5 och 6 tittar vi passagerarna stress och tankar. Kapitel 7 och 8 handlar om att klargöra vart du vill köra din buss. Kapitel 9 handlar sedan om att träna på att observera vad passagerarna sysslar med och vad de brukar säga. I kapitel 10 arbetar du aktivt med att utmana dina passagerare lite lagom - genom att först bestämma vart du vill åka med din buss och sedan låta passagerarna göra vad de gör. I sista kapitlet knyter vi ihop säcken och ger dig några tips som kan hjälpa dig när du ska byta riktning på bussen. I epilogen kan du sedan läsa om hur det gick för Sara.

I appendix I hittar du noggrannare beskrivning av vad passagerarna på bussen brukar hitta på vid nedstämdhet, stress, ångest och långvarig smärta. I appendix II hittar du samma spindeldiagram som finns längre ner i kapitlet. Diagrammet kan du använda på olika sätt.

DITT NULÄGE

Innan vi går vidare ska du få fundera över din nuvarande situation. Titta på figuren nedan. Där ser du fem olika livsområden och till varje område en stapel som går från 0 till 10. Fundera en stund över varje område för sig. Är mitt liv som jag vill att det ska vara när det gäller det här området? Om du känner att du står väldigt långt ifrån hur du vill att ditt liv ska vara sätter du en punkt nära 0:an. Om du känner att du är väldigt nära hur du vill att ditt liv ska vara sätter du en punkt närmare 10:an.

För vart och ett av områdena i spindeldiagrammet, ställ dig frågan: Gör jag de sakerna som är viktiga för mig inom det här området? Skattningen handlar om vad du gör och hur väl det stämmer överens med det som är viktigt för dig. Det handlar alltså inte om hur bra eller dåligt det känns inom de olika livsområdena.

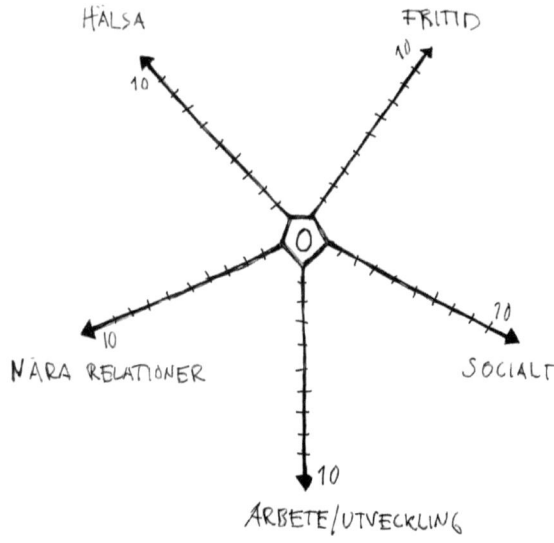

HÄLSA

FRITID

10

10

NÄRA RELATIONER

10

SOCIALT

10

10

ARBETE/UTVECKLING

SAMMANFATTNING

Detta kapitel är till för att ge dig en översikt av hur arbetet är upplagt i boken. Vi har bett dig föreställa dig att du är en busschaufför. Dina känslor och tankar är passagerarna på bussen. När du som busschaufför försöker kontrollera vad passagerarna gör tappar du kontrollen över vart bussen kör. Utgångspunkten för arbetet i denna bok är att istället lägga fokus på vart Du vill köra bussen och sedan låta passagerarna föra så mycket liv som de vill. På så vis använder du mer av din energi på att göra saker som du vill.

3. Dina känslor

KÄNSLOR ÄR EN VIKTIG DEL AV LIVET

Känslor fyller en funktion för oss människor, det vill säga de finns av en anledning. Du och vi får besök av dem till och från och de försöker säga oss något. Genom vår arts historia har känslor bidragit till vår överlevnad. Exempel på olika känslor:

- Nedstämdhet
- Skam
- Stress
- Förvåning
- Glädje

- Oro/Ångest
- Ilska
- Dåligt Samvete
- Avsky/Äckel
- Nyfikenhet

De här känslorna är en del av att vara människa. Att du, och vi, tycker sämre om vissa av de här känslorna är faktiskt också en del av att vara människa. Vissa av dem är till och med skapade för att upplevas som mycket obehagliga. Om du kunde välja vad du ska känna hade du troligtvis valt bort de obehagliga och obekväma känslorna och istället valt de mer positiva och behagliga - som glädje och intresse. Detta är mycket lätt att förstå och sympatisera med. Däremot fyller de obehagliga känslorna en viktig funktion för individen och gruppen. Men vår ovilja mot de här obekväma känslorna kan ställa till det för oss, något vi strax skall återkomma till.

KÄNSLOR, VAD FYLLER DE FÖR FUNKTION?

Alla de här känslorna fyller som sagt en funktion för oss och vår överlevnad. Här kommer några exempel:

➢ Ilska – sätta gränser, värna om oss själva

➢ Skam och skuld – reparera relationer och anpassa vårt beteende efter gruppens normer.

➢ Ångest – varna dig för eventuella faror eller få dig att göra en förändring.

➢ Rädsla – ta till flykten och se till att vi överlever

➢ Avsky/ äckel – inte äta något som vi kan bli sjuka av

➢ Nedstämdhet – dra oss undan och spara energi när resurserna är få. Reflektera över en förlust. Att få stöd av andra i gruppen.

Vi vill be dig att försöka se på dina känslor som naturliga och normala. Även de obehagliga, negativa, skrämmande och mörka känslorna. De är ett tecken på att du är vid liv.

BUDBÄRARE

Man kan se på känslor som budbärare. De här budbärarna dyker upp och ber om din uppmärksamhet. Ibland är de mycket starka och kräver att du riktar din närvaro och fokus mot något. Känslorna är ungefär som ringsignalen på din telefon - signalen finns till för att göra dig uppmärksam på att det ringer. Att någon vill prata med dig och förmedla ett budskap.

BUDSKAPET

Om jag ska se mina känslor som budbärare - vad är då budskapet? Budskapet som dina känslor försöker förmedla när de dyker upp är:

> ➤ Här finns något som är viktigt för dig som du ska uppmärksamma
>
> ➤ Här finns något som du verkligen bryr dig om.

I grund och botten känner du, Henric och Juhani känslor eftersom vi alla bryr oss om hur det går för oss och dem vi älskar. Vi känner alltså känslor eftersom det finns saker som är viktiga för oss. Det är som två sidor av samma mynt; på ena sidan känslan och på den andra något vi bryr oss om.

Under vår tid i livet kommer vi skapa starka band till andra människor, relationer som betyder mycket för oss. När de personer vi skapat dessa band till, de vi älskar, rycks ifrån oss - då känner vi sorg och saknad. När vänner inte gör som vi förväntat oss blir vi förvånade eller besvikna, kanske till och med arga. Om vi har ett arbete som är utmanande och meningsfullt så kommer det finnas situationer där vi är nervösa eller kanske rentav ångestfyllda. När vi själva, medvetet eller omedvetet, sårar någon vi bryr oss om så känner vi dåligt samvete. När summan av krav som vi själva eller andra ställer på oss överstiger de resurser vi har tillgång till känner vi stress.

LÄTTARE SAGT ÄN GJORT

Att se att våra känslor är en förlängning av vår förmåga att älska och bry oss är inte alltid så lätt. Vi ska låta Henric få fungera som ett exempel på detta. Han brottas ibland med en rädsla för att misslyckas. Denna rädsla försöker han oftast slippa undan. Han hade kanske varit hjälpt av att försöka välkomna den och lyssna vänligt till den - bemöta rädslan med öppenhet. Men det gör han ganska sällan.

Henric brukar snarare skälla på sig själv när den här rädslan dyker upp, han brukar kritisera sig själv för att han känner sig rädd. När han har gjort det ett tag så känner han sig ledsen, vilket i sin tur leder till ännu mer självkritik och efter en stund ett visst mått av hopplöshet. Som du märker är han ganska duktig på att trassla till det för sig själv.

Kan du känna igen dig i Henrics exempel? Kanske har du känt dig deppig under en längre tid, och när den känslan dyker upp för femtielfte gången börjar du bli arg på känslan eller dig själv, därefter kommer kanske självkritiken eller "ryck upp dig"-tankarna. Så under tiden nedstämdheten fortsätter att dyka upp så börjar snart en känsla av uppgivenhet infinna sig.

REN OCH SMUTSIG SMÄRTA - HUR VI SKAPAR VÅRT EGET LIDANDE

Ren smärta är de naturliga, ibland obehagliga, känslorna som vi känner när vi stöter på svårigheter i livet. De är en naturlig följd av att leva. Sorg vid förlust, deppighet när en relation avslutas, oro inför en krävande uppgift, dåligt samvete när vi sårat någon vi bryr oss om, osv. Se fler exempel under rubriken "Budskapet" i detta kapitel.

Smutsig smärta uppstår när vi försöker bli av med, eller undvika, den rena smärtan. Den smutsiga smärtan skapar vi själva genom undvikandebeteenden. Det kan vara beteenden som går att se och observera utifrån. Smutsig smärta kan också handla om de beteenden vi gör mellan öronen - de tankar vi ägnar tid åt. Den smutsiga smärtan innebär ofta att vi kommer längre bort från sådant som är viktigt i vårt liv. Till exempel:

> Du slutar gå ut på stan för att du är rädd för att känna ångest.

> Du slutar träffa vänner på grund av rädsla för att dina vänner ska tycka att du är tråkig och inte lika glad som förut.

> Du säger inte vad du tycker eftersom du är rädd för vad andra ska tänka om dig.

> Du slutar upp med ett intresse eftersom du känner dig deppig.

Vi återvänder till exemplet med Henric. När Henric känner sig rädd för att misslyckas (ren smärta) kämpar han emot den känslan. Han skäller på sig själv för att han tror och vill att den ska försvinna (han kämpar emot rädslan). Henric ägnar sig åt ett inre undvikandebeteende. Detta leder till smutsig smärta - Henric känner sig ledsen - vilket leder till ännu mer smutsig smärta i form av självkritik som till slut leder till ännu mer smutsig smärta - uppgivenhet och hopplöshet.

19

Vi kan oftast inte välja vad vi känner eller upplever. Men många av oss försöker, ofta till ett högt pris. Vi får problem när någon av de här obehagliga känslorna dyker upp i situationer när vi absolut inte vill eller "får" känna dem. Du kommer få fler exempel på ren och smutsig smärta i nästa kapitel.

Kanske upplever du att du fastnat i något stort, svårt, otäckt, skrämmande och förlamande just nu i ditt liv. Inte precis samma situation som i exemplen ovan, men kanske med vissa likheter? Då vågar vi lova dig att det finns hopp för dig.

SAMMANFATTNING

Vi har känslor av en anledning – de fyller en viktig funktion. Känslor är som ringsignalen på din mobil – signalen finns till för att göra dig uppmärksam på att det ringer. Att någon vill prata med dig och förmedla ett budskap. Om vi verkligen inte vill känna vissa känslor (ren smärta) är det lätt att vi börjar eller slutar med beteenden, vilket gör att livet blir fattigt (smutsig smärta).

4. Vad har du prövat, hur har det funkat?

Under en tid i Juhanis liv blev han så rädd för att känna ångest och nervositet att det styrde hans liv. Han valde då bort det han tyckte om för att slippa känna jobbiga känslor.

I detta kapitel ska vi försöka dra lärdomar av hans historia - som han så generöst har delat med sig av. Sedan undersöker vi om detta sätt att tänka kan hjälpa dig. Sist i kapitlet undersöker vi hur det kommer sig att vi kan hamna så vilse.

JUHANI STÖTER PÅ PROBLEM

För Juhani är det viktigt med sociala kontakter. Han
värdesätter att lära känna nya människor och att vårda
de relationer han har. Juhanis problem kom smygande.
Han började känna sig konstig när han gick på fest - det
pirrade obehagligt i kroppen. Hans hjärna producerade
tankar som "du är spänd och konstig". Efter festerna
började han analysera sitt eget beteende. Hans hjärna le-
tade upp saker som den tyckte att han gjort fel.

Ganska snart började hans hjärna skapa skräckscen-
arion inför att han skulle gå på fest. Strax efter att han
blivit inbjuden började den pumpa ut obehagliga tankar
som "du kommer vara stel och göra bort dig!". De här
tankarna blev fler och fler ju närmare festen han kom.

DET FÖRSTA VALET AV STRATEGIER

Juhani insåg att han hade ett problem. Som han förstod
läget just då fanns det bara en sak att göra; Hitta något
sätt att kontrollera sin oro eller få den att försvinna. Han
måste kämpa bort de jobbiga känslorna och sluta tänka
så negativt.

Juhani var mycket uppfinningsrik i sin strävan att bli
av med sin oro. I sociala situationer försökte han hålla
koll på sig själv och vad han sade. Han argumenterade
emot sina tankar genom att säga till sig själv "det är inte
så farligt, du behöver inte vara så spänd". Han började
lägga tid på att förbereda sig inför sociala situationer.
Han gjorde planer på hur han skulle agera; vad han
skulle säga osv. Inför en fest drack han något glas vin
hemma, det hjälpte honom att slappna av. Han såg

också till att komma lite sent - då visste han att det var fler personer på plats och det blev lättare att smälta in.

KORTSIKTIGT EFFEKTIVA

Juhani hade hittat strategier som hjälpte honom att stå ut när han gick på fest eller när han skulle träffa nya människor. Ganska snart började det tyvärr dyka upp andra problem för honom. Ångesten kom tillbaka i en ny form.

Efter socialt umgänge analyserade han i detalj vad han sagt och hur han framstått. Detta väckte ångest och oro. Han hittade då sätt att bli av med den oron; han sysslade med sina hobbies och motionerade. Han märkte att det gick bra att distrahera sig själv på det här sättet. För stunden. Tankarna, grubblerierna och självkritiken kom allt oftare tillbaka.

Efter ett tag började Juhani sätta i system att tacka nej till inbjudningar. Han orkade helt enkelt inte med allt det här extra arbetet som det nu innebar för honom att gå på fest eller träffa nya människor. Det som till en början hade varit ett mindre obehag när han gick på fest utvecklades till stark oro och nervositet inför alla sociala situationer.

LÅNGSIKTIGT MOTSATT EFFEKT

Juhanis förstaval av strategier fungerade bra på kort sikt, men sämre i det långa loppet. Han hade hittat sätt att "stå ut" med oro, negativa tankar och kroppsligt obehag. Det gick att dämpa dem för stunden. Sett över några månader så verkade det dock som att han faktiskt fått mer oro och ångest förknippat med sociala situationer. Den började i liten skala men spred sig och blev starkare ju längre tiden gick. Oron gick från att finnas när Juhani var på fest till att dyka upp inför att han skulle på fest till att dyka upp efter att han varit på fest. Därefter spreds den till andra sociala situationer. Till slut kunde han nästan bara umgås med personer som han kände mycket väl.

ETT HÖGT PRIS

På grund av Juhanis önskan att kontrollera och bli kvitt sin oro tackar han nej till inbjudningar, tillbringar mer tid hemma ensam och försöker att inte tänka på det som är jobbigt. Kommer du ihåg de första raderna under rubriken "Juhani stöter på problem".

"För Juhani är det viktigt med sociala kontakter. Han värdesätter att lära känna nya människor och att vårda de relationer han har."

De steg han tagit för att bli av med sin oro verkar ha lett honom till ett tråkigare, fattigare och mindre vitalt liv. Han gör mindre av sådant som han tycker är viktigt och har hamnat långt ifrån det liv som han ville leva.

JUHANIS SMUTSIGA SMÄRTA

Hur hänger hans strategier ihop med den rena och smutsiga smärtan vi skrev om i förra kapitlet? Läs det kursiverade nedan och fundera en stund innan du läser vidare.

"Smutsig smärta uppstår när vi försöker bli av med, eller undvika, den

rena smärtan. Den smutsiga smärtan
skapar vi själva genom
undvikandebeteenden."

Juhanis rena smärta handlade om ett obehagligt pirrande i kroppen och tankar som "du är spänd och konstig", "du kommer vara stel och göra bort dig!". Hans försök att kontrollera och fly från de här obehagliga upplevelserna gjorde att han fick mycket, mycket mer smutsig smärta!

UTVÄRDERING

Nu ska vi utvärdera Juhanis försök att kontrollera och undvika sin ångest. Vi ska göra det utifrån tre frågor;

1. Vad har du prövat?

Vad har du gjort för att kontrollera, bli av med eller undvika jobbiga tankar, känslor minnen, förnimmelser?

2. Hur har det fungerat?

a) Försvann dina tankar och känslor?

b) Kom de tillbaka? (långsiktigt)

c) Blev de värre?

d) Har det du gjort fört dig närmare ett rikt och meningsfullt liv?

3. Vad har det kostat?

Vad har det kostat dig i termer av bortkastad tid, energi och pengar; eller negativa effekter på hälsa, välmående, arbete, fritid, och relationer?

UTVÄRDERING STRATEGI 1

Vad har du prövat? Varit upptagen med att kontrollera sig själv och kroppen i sociala situationer.

Hur har det fungerat? Ångesten försvann inte i stunden, blev mer rädd för den. Den kom tillbaka starkare nästa gång. Att försöka kontrollera mig själv och hålla stenhård koll på kroppen har inte fört mig närmare ett mer meningsfullt liv.

Vad har det kostat? Jag har blivit sämre på att lyssna på vad andra säger. Har upplevts som mindre närvarande.

UTVÄRDERING STRATEGI 2

Vad har du prövat? Dricka mycket vin innan, och på, fester.

Hur har det fungerat? Kände mig mer självsäker precis under ruset. Inför nästa fest kom ångesten tillbaka starkare. Kommer längre bort från meningsfullt liv. Känner mig rädd för att få alkoholproblem om jag fortsätter.

Vad har det kostat? Sämre hälsa. Ångest för vad jag gjort och sagt. Bakfylla.

UTVÄRDERING STRATEGI 3

Vad har du prövat? Tackat nej till sociala situationer – fika, fester, filmkvällar.

Hur har det fungerat? Kändes skönt när jag "slapp" gå dit. Ångesten kom senare när jag tänkte på vilken undanflykt jag skulle ha nästa gång. Starkare ångest. Känner att jag inte är som jag vill vara.

Vad har det kostat? Tappat kontakt med några vänner. De hör inte av sig lika mycket längre.

SLUTSATS AV UTVÄRDERING

Utifrån de här tre exemplen kan vi se att kontroll och undvikande av ångest lämnar en hel del att önska. Ju mer kontroll han eftersträvade, desto mindre blev hans rörelsefrihet och desto färre blev hans möjligheter att ägna sig åt saker som han tyckte var viktigt. För Juhani blev det ungefär som i illustrationen nedan, mer kontroll av ångest = mindre utrymme för livet.

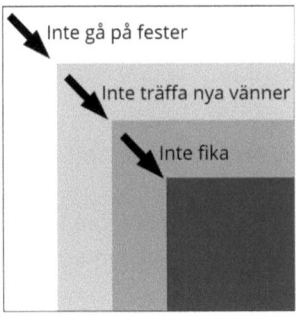

Korvos kontrollbox - stegvis bortfall
av meningsfulla aktiviteter

Innan Juhani försökte kontrollera obehaget var hans liv rikt gällande social aktivitet- Det liv han levde då symboliseras av den största boxen. För varje kontrollstrategi han använde minskade hans sociala liv och han "box-

ade" stegvis in sig i ett hörn där det sociala livet för-
svann -men obehaget (ångesten) förblev oförändrad.

VAD FÖRSÖKER DU KONTROLLERA ELLER UNDVIKA?

Ta en liten stund och fundera över vad som fick dig att
plocka upp den här boken. Vad för typ av känslor, tan-
kar eller kroppsliga reaktioner skulle du gärna vilja kon-
trollera eller bli av med? I Juhanis historia handlade det
om oro, nervositet och ångest. Men vad är det för dig?
Skriv de känslor, tankar eller kroppsreaktioner som du
kämpar med att kontrollera eller försöker bli av med:

....

....

....

Vi har full förståelse för att det kan kännas ovant att
tänka på det här sättet. Här nedan kommer därför några
förslag:

NEDSTÄMDHET	DEPRESSION	SORG/SAKNAD
APATI	ENSAMHET	SKULDKÄNSLOR
SKAM	OTILLRÄCKLIGHET	ÅNGEST
ORO	STRESS	PANIK/RÄDSLA
SJÄLVKRITIK	SJÄLVFÖRAKT	DÅLIGT SJÄLVFÖRTROENDE
FRUSTRATION	ILSKA	SMÄRTA
HÄLSOÅNGEST	DÅLIGT SAMVETE	ANNAT.....

Ta ett papper och skriv ner följande frågor till dig själv:

> *Vad har du prövat?*

Vad har du gjort för att kontrollera, bli av med eller undvika jobbiga tankar, känslor minnen, förnimmelser?

> *Hur har det fungerat?*

Försvann dina tankar och känslor? Kom de tillbaka? (långsiktigt). Blev de värre? Har det du gjort fört dig närmare ett rikt och meningsfullt liv?

> *Vad har det kostat?*

Vad har det kostat dig i termer av bortkastad tid, energi och pengar; eller negativa effekter på hälsa, välmående, arbete, fritid, och relationer?

Följ sedan Juhanis exempel och gå igenom strategi för strategi som du prövat. Du behöver inte stressa igenom detta. Vad kommer du fram till när du analyserar din erfarenhet på det här sättet? Kanske finns det strategier som fungerat bra, andra mindre bra. Om det just nu känns tungt så vill vi försöka skänka dig lite hopp innan vi går vidare.

Att du ibland väljer kortsiktiga strategier är helt normalt. Däremot är strategier som går ut på att kontrollera eller undvika obehagliga tankar, känslor och förnimmelser hopplösa. De riskerar alltid att leda oss bort från det liv vi vill leva - och därmed skapa mer obehag.

Du kan lära dig nya strategier. Det kommer du få möjlighet att träna i resten av boken. Om du är intresserad av att förstå hur vi människor kan hamna så vilse när vi stöter på problem så får du gärna läsa vidare i detta kapitel.

ETT MYCKET KRAFTFULLT VERKTYG

Människan är en mästare på att kontrollera och förändra saker och ting i vår omgivning. Vi är mästare på att lösa problem och förstå de delar av verkligheten som vi behöver för att säkra vår överlevnad. Titta dig omkring en stund där du sitter. Hur många av de saker du ser har på något vis omformats, processats eller skapats av en människa?

Vi är på toppen av näringskedjan. Mänskliga innovationer och problemlösning har varit till stor nytta för vår art och kommer fortsätta att förflytta gränserna för vad som vi anser vara möjligt att åstadkomma. Att skapa kontroll och att problemlösa är nästan ett signum för att vara människa. Men...

INGET VERKTYG PASSAR TILL ALLA JOBB

Vissa problem vi stöter på löser vi inte med mer kontroll. I vissa fall - som i Juhanis exempel ovan - blir verktyget kontroll och problemlösning snabbt en del av problemet.

Det är egentligen inte så svårt att förstå varför Juhani gjorde som han gjorde. Den typen av lösning han sökte efter är ju något han lärt sig genom hela livet. Får man punktering lagar man den, SEN kan man cykla igen. Har man brutit benet går man till doktorn och får det gipsat, SEN när det läkt kan man spela fotboll igen. Har TV:n gått sönder reparerar man den eller köper en ny, SEN kan man titta igen. I Juhanis fall hade han en föreställning att han behövde kontrollera sitt obehag; att lösningen var att först få kontroll på problemen, först SEN kunde han börja leva.

Budskap som går ut på att du måste förändra något i dig själv INNAN du kan börja leva det liv du vill leva finns överallt. Vi vill be dig att ompröva den här bilden genom arbetet med den här boken. Ett flertal forskningsstudier har visat att försök att kontrollera tankar och känslor har motsatt effekt. Att trycka undan negativa tankar och känslor leder ofta till mer negativa känslor och tankar.

VARFÖR VÄLJER VI VERKTYG SOM INTE HJÄLPER OSS PÅ LÅNG SIKT?

Verktygen vi väljer bestäms av vad vi lärt oss under livet och vad omgivningen anser vara bra verktyg, eller med andra ord, verktygen bestäms av:

- Erfarenheter från vår egen inlärningshistoria.
- Budskap och normer från samhället vi lever i.

Fundera en stund på följande frågor och hur de hänger ihop med val av strategier.

➢ Brukade dina föräldrar öppet visa sig ledsna eller ångestfyllda för dig?

➢ Har du någon gång fått höra att; "det där är inget att oroa sig för" eller "du behöver inte gråta för det?!"

➢ Brukar människor du träffar på stan öppet visa sig oroliga eller förtvivlade?

31

➢ Har du senaste veckan sett en löpsedel med tex-
ten "det är okej att känna sig deppig ibland!" el-
ler "din ångest – en vägvisare!?"

Vårt samhälle är fullt av knappt märkbara budskap som
går ut på att man "måste" eller "bör" undvika obehag.
Dessa budskap påverkar oss när vi hamnar i svårigheter.
Tyvärr kan budskapen ibland förvärra våra svårigheter.
Helt i onödan.

SAMMANFATTNING

När vi stöter på något obehagligt i livet är vår instink-
tiva reaktion ofta att undvika det som skapar obehag.
Det är en reflex som är helt naturlig. Ibland gör den re-
flexen dock att vår situation blir värre på lång sikt. I
våra försök att undvika och kontrollera obehag börjar vi
begränsa vårt liv. På detta sätt riskerar undvikandestra-
tegier alltid att göra vårt liv mer fattigt. Vi har följt med
Juhani på hans försök till kontroll av ångest i sociala
sammanhang. Vi har sen bett dig att utvärdera din nuva-
rande situation med hjälp av tre frågor; Vad har du prö-
vat?; Hur har det fungerat?; Vad har det kostat?

5. Din stress

Innan vi fortsätter vår resa mot ökad livskvalitet ska vi kort gå igenom lite om kroppen och hjärnan. Vi ska undersöka hur de fungerar och hur helt naturliga reaktioner kan ställa till det för oss.

Hur okej är det för dig att känna tryck för bröstet, känna att hjärtat bultar, när du:

- Åker berg och dalbana?
- Ser en thriller?
- Ska prata inför människor?
- Står i kön i mataffaären?

- Ska fika med kompisar?
- Ligger hemma i sängen?

Fundera en stund kring punkterna ovan och läs sedan vidare.

STRESSREAKTIONER

Stress är i grund och botten något som är bra, det är en fysiologisk reaktion som är till för att vi ska klara av krävande situationer. Kroppen varvar upp ibland och det är helt naturligt. Tack vare att vi kan göra det sitter du och jag här idag.

Våra förfäder behövde denna stressreaktion för att överleva. Vi ska ta ett kort exempel så det blir tydligare vad vi menar. Föreställ dig en av våra avlägsna förfäder som går på promenad. Plötsligt ser hon en pälsbeklädd svans som sticker ut från en buske. Hon hör andetag och grymtanden och grenarna på busken rör på sig. Om vår förfäders kropp reagerar med en stressreaktion har hon större chans att överleva. Hennes puls ökar, blodet och energi pumpas snabbt ut till de stora musklerna, fokuset blir vaksamt och försiktigt. Hennes kropp förbereder henne för att antingen slåss eller fly. Hon smyger bort från busken och kan komma tillbaka till sin grupp. När våra förfäder överlevde krävande situationer fick de möjlighet att föra sina gener vidare.

De bland våra förfäder som i samma situation sprang fram till den pälsbeklädda svansen klappade den - eftersom den såg mjuk och gosig ut - gick ett annat öde till mötes.

Idag är det kanske inte en lurvig svans som aktiverar stressreaktionen, utan det handlar snarare om fler saker som stressar oss men med lägre intensitet. Tänk bara på följande: bilkö, bussen är försenad, massvis av mail du måste svara på, välja el eller mobilabonnemang, ringa kundservice, klä på barnen på morgonen och köra dem till dagis, hinna i tid till arbetet eller skolan, betala räkningar osv.

Stressreaktionen fungerar som en extra gaspedal vi kan ta till i krävande situationer. Den aktiveras helt enkelt i situationer där kraven är högre än vad vi har resurser till att klara av.

STRESSREAKTIONER OCH LÅNGSIKTIGA KONSEKVENSER

Om gaspedalen ligger nertryckt i botten för länge och man aldrig eller sällan lättar på trycket och får möjlighet till återhämtning kommer bilen (kroppen) så småningom börja protestera. Kroppen kanske inte stannar upp helt som när bränslet är slut i bilen, men den börjar definitivt hoppa/ kränga precis som innan bilen stannar på grund av bränslet är slut. Du kan läsa i tabellens högra sida vilka effekter det kan leda till. Det är även vanligt att man kan få panikattacker, känna sig nedstämd eller utmattad som ett resultat av att stressystemet gått på högvarv för länge.

> Höjd puls
> Höjt blodtryck
> Snabb andning
> Vidgade pupiller
> Spända muskler
> Vaksamhet
> Smalt fokus

**TECKEN PÅ ATT DU HAR BRIST PÅ ÅTERHÄMTNING
(BILEN BEHÖVER TANKAS):**

> Huvudvärk
> Trötthet större delen av dagen
> Yrsel
> Orolig mage
> Värk i nacke och axlar
> Koncentrationsproblem
> Minnesproblem
> Nedstämdhet
> Oro / Panik
> Irritation och ilska
> Glädjelöshet

TOLKNING AV STRESSREAKTION

Om du minns frågorna vi ställde i början av kapitlet är
vi rätt säkra på att du tyckte att det var positivt med en

stressreaktion i vissa fall och antagligen inte alls i andra. Ibland är det precis det vi är ute efter – i andra situationer är stressreaktionen det sista vi vill ha. Om vi verkligen inte vill kännas vid reaktionerna i kroppen som kommer när den optimeras är det lätt att vi börjar göra som Juhani i ett tidigare kapitel. Vi börjar kämpa med att försöka kontrollera det obehag vi känner. Det ironiska är att vi ofta försöker lätta på gaspedalen genom att gasa mer.

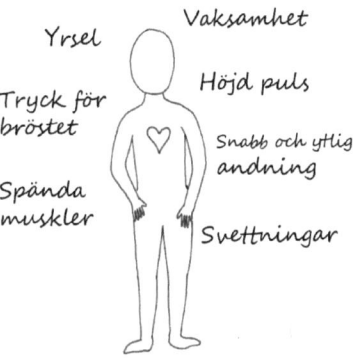

Yrsel
Vaksamhet
Tryck för bröstet
Höjd puls
Snabb och ytlig andning
Spända muskler
Svettningar

HUR HJÄRNAN BIDRAR TILL STRESS

Så är det enbart hotande eller krävande situationer som triggar stressystemet?

Vi tar ett exempel. Nisse och hans iller som är väldigt söt, men lite av en fegis är ute på en promenad. Faktum är att Nisse som liten blivit biten av en hund och efter det är extremt rädd för hundar. När de promenerar möter de en chihuahua. Både Nisses och illerns stressystem går igång och de tar båda till flykten och kommer hem oskadda.

Tror du illern kommer grubbla över att det som hände? Klandra sig för att den fegade och sprang? Kommer den att återuppleva det traumatiska mötet och varva upp kroppen med stresshormoner? Svaret är förstås att illern inte kommer göra det. Den lever på så sätt i stunden. Den kommer inte heller oroa sig för om den träffar samma chihuahua i morgon när det är dags för ny promenad med husse. Däremot kommer illern kanske reagera när de väl promenerar. Men det är en annan historia. Tror du Nisse kommer hantera situationen lika bra? Nej, troligtvis inte. Han kommer antagligen ägna mycket tid till att älta händelsen han var med om.

Här har vi en viktig skillnad mellan människor och andra djur. Faktum är att vår tankeapparat kan trigga igång stressystemet utan att något farligt är närvarande. Så svaret på frågan vi ställde tidigare är: Nej, det är inte enbart hotande och krävande situationer som triggar stressystemet. Vår hjärna kan trigga en stressreaktion när som helst.

Det kan exempelvis gå på högvarv när du ligger hemma i sängen med din kärasta och lutar huvudet mot din nya extrafluffiga kudde. För att vara överdrivet tydlig så finns det inga hot mot dig förutom att din kärasta kanske kommer snarka. Ändå kan det pumpa runt massa hormoner i blodomloppet som är till för att du ska kunna överleva. Det räcker med att hjärnan viskar: "du ska prata inför människor i morgon", "kommer pengarna räcka månaden ut?", "tänk om ångesten aldrig minskar" så har stressmaskineriet dragit igång.

Faktum är att hjärnan är ganska dålig på att skilja mellan verkliga och föreställda hot. Alltså med andra ord: hjärnan kan inte skilja mellan att bli jagad av ett lejon och att du just nu föreställer dig ett viktigt jobbmöte eller en social situation som känns jobbig. Samma hormoner kommer aktiveras i din kropp, oberoende om hotet är verkligt eller föreställt. Hjärnan är en finurlig apparat som kan associera hejvilt och när som helst dra igång stresshormonsfabriken med full bemanning. Här har vi en av anledningarna till att stress är vår tids folksjukdom. Våra hjärnor är en viktig överlevnadsmaskin, om än en hyperaktiv sådan.

SAMMANFATTNING

Stressreaktioner är till för att hjälpa oss hantera krävande eller hotande situationer. Reaktionen är ett tillfälligt kroppsligt alarmtillstånd som är viktigt för vår överlevnad. Att uppleva stress är inte farligt i sig, reaktionen är helt normal och naturlig.

När stressystemet har varit aktiverat under lång tid och vi inte fått möjlighet till återhämtning kommer resurserna ta slut och vi drabbas av utmattning. Ofta signalerar kroppen och själen när vi varit överbelastade; till exempel genom huvudvärk, trötthet, irritation, koncentrationsproblem mm.

På grund av vår hjärnas förmåga att föreställa sig framtida hot och krav kan vår stressreaktion triggas av tankar. Det innebär att även om det inte finns något direkt hot mot vår överlevnad kan vi ändå ha en pågående stressreaktion.

6. Dina tankar

I detta kapitel ska vi rikta strålkastaren mot dina tankar. Vi ska träna på att se vad som händer där "mellan öronen". Vi ska lära dig att se när tankarna är hjälpsamma för dig. Du ska också träna på att uppmärksamma när dina tankar sätter käppar i hjulet för dig.

ALLTID PÅ

Din hjärna tar aldrig paus. Du har den med dig från morgonen när du vaknar tills det att du går och lägger dig igen. När du sover fortsätter den faktiskt också att arbeta. En av sakerna som hjärnan är väldigt duktig på att göra är att producera tankar. På ett sätt är det som att vi alla bär på en liten kommentatorsröst som kommenterar allt den hinner med.

Ska vi titta på vad din hjärna haft för sig hittills idag? Se om du kan minnas fem tankar som du haft sen du vaknade i morse. Det kan vara vilka tankar som helst, ta gärna några som du minns som var ganska starka och om du vill vara lite modig, några som kanske inte är så smickrande.

FEM TANKAR FRÅN IDAG

Tanke 1: ....

Tanke 2: ....

Tanke 3: ....

Tanke 4: ....

Tanke 5: ....

Ta en liten stund och titta på de här fem tankarna som din hjärna producerat idag. Det här är säkerligen bara en bråkdel av allt den hittat på. Tycker du att de här fem tankarna känns nya - eller känner du igen dem från andra dagar? Finns det några av dem som du tycker särskilt mycket om? Är det någon som du tycker mycket illa om?

VAD HJÄRNAN GÖR

Din hjärna kan hitta på väldigt många olika saker. Vi har några förslag på aktiviteter som vi gissar att din hjärna gör ganska ofta. Kolla hur väl det stämmer in på tankarna du skrev nyss;

> Hjärnan ger råd och/eller befaller.

> Hjärnan formulerar regler.

> Hjärnan analyserar något som hänt.

> Hjärnan försöker förutspå framtiden.

> Hjärnan försöker lösa ett problem.

> Hjärnan sätter etiketter på dig själv, andra eller något som hänt.

> Hjärnan jämför någon eller något.

> Hjärnan dömer någon eller något.

> Hjärnan kritiserar någon eller något.

> Hjärnan dagdrömmer.

Vi människor är som fiskar som simmar omkring i ett hav utan att lägga märke till vattnet som omger oss. Vi badar hela tiden i ett hav av tankar som kommer i en uppsjö av former; råd, befallningar, dömanden, kritik, förutsägelser, jämförelser mm. mm.

En del tankar dyker upp automatiskt, som från ingenstans. Andra är sådana som vi aktivt framkallar. Vissa tankar är medvetna för oss, andra omedvetna.

Den typ av tankar som ofta ställer till problem är de som dyker upp automatiskt och som du är omedveten om. De är i grund och botten inte farliga. Men de ställer till problem eftersom de har en mycket stor potential att styra vad du gör. Här kommer en kort övning som går ut på att upptäcka tankar som dyker upp automatiskt.

OBSERVATION AV TANKAR

Ställ en timer på en minut. Sätt dig bekvämt. Slut ögonen. Rikta din uppmärksamhet på hur det känns i dina fötter. Lägg t.ex märke till trycket mot marken, om det känns varmt, kallt, skönt, obehagligt. Håll sedan din uppmärksamhet under fötterna.

När din uppmärksamhet seglar iväg från trycket under fötterna - se om du kan notera den första tanken som dyker upp! Vad sade hjärnan? Se om du kan sitta så här tills tiden är slut och notera de tankar som dyker upp. Ungefär som du kan titta på moln som driver förbi på himlen. Se hur tankarna dyker upp, stannar kvar en stund och sedan försvinner bort.

TIPS 1 - om du märker att du sitter och inget händer och du undrar "varför kommer det inga tankar?" - grattis, där har du en tanke!

TIPS 2 - du behöver inte lägga de här tankarna på minnet, övningen går ut på att träna på att titta på, det vill säga observera tankar.

MEDVETENHET = VALMÖJLIGHET

Som du ser dyker det upp ganska många tankar under bara en minut av ditt liv. När vi observerar tankar på det här sättet blir de medvetna för oss. Då förlorar de lite av sin styrka och styr dig inte lika automatiskt.

När du är medveten om automatiska tankar så uppstår plötsligt en valmöjlighet; ska jag göra som hjärnan befaller, ska jag följa det rådet? Ska jag lyssna när den mobbar mig eller målar skräckscenarion?

OBSERVATIONSTRÄNING

Ren och enkel observation av tankar eller tankeprocesser är något som de flesta av oss är ganska otränade i. Utrusta dig därför med tålamod, vänlighet och ödmjukhet inför dig själv när du ger dig in i detta.

Vi tror ofta att vi måste göra något med de tankar som hjärnan producerar. Denna tro kommer från en vana att försöka styra och kontrollera allt som händer mellan öronen. Observationsträning är alltså något helt annat. Vi ber dig att försöka släppa alla ambitioner att påverka, ställa till rätta eller kontrollera de tankar du observerar. Vi vill istället be dig pröva om du kan låta tankarna få vara precis som de är.

Du kommer helt säkert trilla in i gamla vanor att för-
söka kontrollera, argumentera mot eller kämpa med att
få vissa tankar att försvinna. Välkommen till klubben!
Det är mycket svårt att bryta vanor som vi byggt upp
under en lång tid.

Vi vill göra den här träningen så enkel och rolig som
möjligt för dig. Vi har därför grupperat vissa hjärnakti-
viteter som vi tycker hänger ihop. Efter det gav vi akti-
viteterna varsitt samlingsnamn. Du ska nu få stifta be-
kantskap med fyra figurer som ofta är ganska högljudda
mellan våra öron:

- Befälhavaren,
- Domaren,
- Problemlösaren och
- Tidresenären.

BEFÄLHAVAREN

Befälhavaren sysslar med att ge råd/befallningar och
formulera regler. Det här är hjärnaktiviteter som produ-
cerar tankar om vad du måste eller borde göra. Det kan
också vara råd som handlar om att undvika jobbiga eller
obehagliga saker. Befälhavaren är också duktig på att
formulera regler för hur vi "skall" leva våra liv.

Till exempel: "du måste alltid göra det du bli ombedd
om", "du får absolut inte göra någon besviken", "du får
inte ha ångest när du träffar dina vänner", "tacka nej till
festen, det kan finnas okända människor som kan tänka
negativa saker om dig" eller "först arbetar man klart,
sedan får man vila".

Befälhavaren kan också vara väldigt hjälpsam att lyssna till, till exempel om den ger dig kommandot "släng dig åt sidan" när dina ögon får syn på ett föremål som är på väg emot dig i hög hastighet; till exempel en cyklist.

OBSERVERA BEFÄLHAVAREN

Nu är det dags för dig att lägga ifrån dig den här boken och göra en övning. Den här övningen varar det kommande dygnet (en timme är också okej). Efter att du lagt ner boken vill vi be dig att vara lite uppmärksam på när Befälhavaren producerar tankar. Du ska inte göra något annat än att notera när hjärnan producerar tankar som består av råd/befallningar/regler/måsten/borden.

Kanske skickar Befälhavaren nu rådet "strunta i det här, läs vidare!". Vi vill be dig att observera den tanken. Tacka befälhavaren för det rådet. Lägg sedan ifrån dig boken och börja med övningen. Den här boken bygger på upplevelsebaserad inlärning, därför är det viktigt att du gör övningarna och inte bara läser. Det är din egen erfarenhet som leder arbetet framåt.

Välkommen tillbaka! Skriv nu ner 3 saker som befälhavaren sa till dig under det senaste dygnet.

1 ....

2 ....

3 ....

46

Tidsresenärens arbete pågår oftast utan att vi är medvetna om det. Inte sällan leder detta resande i tiden till en hel del grubblande eller funderingar. Att kunna tänka på sådant som hänt, eller sådant som ska hända, är en extremt kraftfull egenskap. Den hjälper till med inlärning, planering och utveckling. Genom att gå tillbaka till händelser som varit svåra kan vi lära oss mer om oss själva. Tidsresenären gör det också möjligt att dagdrömma - något de flesta av oss nog tycker är trevligt och skönt. Men ibland kan tidsresenären göra att vi går miste om viktiga stunder i livet där vi vill vara närvarande.

OBSERVERA TIDSRESENÄREN

Nu är det dags att lägga ifrån sig boken i ett dygn igen (en timme är också okej). Den här gången vill vi att du ska vara lite vaksam på när tidsresenären är i farten. Du ska bara notera de gånger du märker att din hjärna analyserar något som hänt tidigare eller försöker förutspå något som ska hända i framtiden. Det kan också vara att du sitter och planerar för vad du ska göra eller hur du ska agera.

Nu kanske Befälhavaren skriker högre än vid förra övningen - "Ett dygn till?!....". Vi vill be dig igen att vänligt tacka Befälhavaren för den input som den kommer med och sedan lägg ifrån dig boken igen.

Välkommen tillbaka. Skriv här nedanför upp 3 situationer som din hjärna reste till under det senaste dygnet.

1 ....

2 ....

3 ....

DOMAREN

Nu ska vi titta på en samling hjärnaktiviteter som vi kallar Domaren. Det är när hjärnan jämför, dömer och kritiserar. Det kan vara jämföranden av andra; "Han är mycket smartare än jag", "Herregud vad jobbig hon är!". Det kan vara självkritik och dömanden av dig själv; "Jag är så ful, tråkig, lat och stel" eller "Du kommer aldrig klara det, du som är så misslyckad!" Det här är aktiviteter som historiskt varit till nytta för oss människor. Det har varit mycket viktigt att kunna jämföra storlek på bytesdjur, jaktmarker och bördighet på jordmånen till exempel. Självkritik kan också vara viktigt för att vi ska utveckla våra färdigheter, ha goda relationer och inte bli utkastade ur social gemenskap.

Jämförandet, dömandet och kritiserandet - av dig själv och andra - kan skapa mycket lidande. När Domaren helt tagit över och styr vad vi gör kan vi lätt tappa riktningen i vårt liv. Domaren har potential att liksom vända sig emot oss när det går dåligt och bli mer och mer högljudd ju längre tiden går. I tider när vi som mest behöver medkänsla med oss själva kan Domaren vara envis, fyrkantig, oresonlig och krävande.

Den här övningen kan du göra på lite olika sätt. Du kan ta en fika på stan och titta på folk. Du kan göra det när du åker buss. Du kan göra det när du tittar på TV. Du kan också göra den här övningen när du loggat in på Facebook. Vi ber dig att vara lite vaksam på när Domaren gör entré. Lägg märke till när hjärnan jämför - det kan vara att den jämför två andra personer eller att du jämför dig med någon annan. Lägg märke till när hjärnan dömer - dig själv eller någon annan. Lägg också märke till kritiska tankar - om dig själv eller någon du ser. Eller när den dömer en känsla/ reaktion i kroppen.

Välkommen tillbaka. Skriv här nedanför upp 3 tankar som Domaren producerade:

1 ....

2 ....

3 ....

PROBLEMLÖSAREN

Problemlösaren är viktig för oss. Den hjälper oss att lära nytt, planera och försöker också förvarna oss om obehagliga saker. Alla de här sakerna är mycket praktiska för oss. Baksidan är när vi okritiskt köper problemlösarens beskrivning av en situation och låter den styra oss helt blint.

Ett ganska tydligt tecken att problemlösaren gjort entré är när vi spelar upp sekvenser i vårt inre och funderar över konsekvenser av olika handlingsalternativ. Till exempel; "om jag gör X kommer kanske Y att hända". Det kan också vara så att vi funderar över hur saker blev som de blev. En annan favoritsysselsättning för problemlösaren är att försöka fundera ut vad andra tycker och tänker om oss. Allt detta är så klart mycket viktigt för oss att kunna göra. Men de här processerna kan också komma mellan oss och det liv vi vill leva. Vi vill särskilt sätta fokus på de gånger då du lyssnar till problemlösarens version av hur saker fungerar och hur det kommer att bli, istället för att ha fokus på att uppleva och erfara saker så som de faktiskt är.

VILKA PROBLEM GÅR DU IGÅNG PÅ?

Den här övningen kan du göra genom att lägga ifrån boken ett dygn och observera när din problemlösare drar igång eller genom att helt enkelt reflektera precis där du sitter just nu.

Vad funderar du över eller grubblar på? Vad brukar din problemlösare "gå igång på"?

1 ....

2 ....

3 ....

Vad ska man med allt detta till?

Den här förmågan att observera tankar är mycket praktisk att ta till när hjärnan skriker, befaller eller leder oss vilse med alla sina förslag.

När du lyckas bli medveten om vad din hjärna producerar för tankar i stunden uppstår en valmöjlighet - ska jag lyda/följa/köpa hjärnans beskrivning av verkligheten och agera i linje med detta? Eller ska jag lägga fokus på att ta steg i riktning mot det liv som jag allra helst vill leva?

Källkritik

Vem av de här filurerna - befälhavaren, tidsresenären, domaren och problemlösaren - brukar du lyssna mest okritiskt till?

För Henric är det definitivt Tidsresenären och Problemlösaren. Henric tycker om att planera och hans hjärna brukar vandra framåt i tiden för att fundera ut vad han ska göra i morgon eller nästa vecka. Hans hjärna producerar också en hel del förslag på olika lösningar på problem - saker som hänt på jobbet eller situationer som inte riktigt blev som han hade önskat.

När Henrics hjärna drar igång med allt detta - och Han snällt följer med - så har han också en känsla av att han gör något nyttigt eller något som han "ska" göra - det är ju bra att planera och lösa problem har han fått lära sig. Det stämmer ju i och för sig - men ibland vill han bara vara precis där han är och uppleva ett samtal, en bra låt, ett vackert landskap precis som det är. När han dragits iväg av Tidsresenär och Problemlösare omedvetet så tappar han kontakten med saker han tycker är viktiga.

För Juhani är det Domaren som kan slinka igenom kritikerns filter och ställa till med kaos. Ofta gaddar den också ihop sig med både Problemlösaren och Befälhavaren. Något som kan ske blixtsnabbt. Som idag när han skrev en folder om långvarig smärta. Domaren som dagen innan öst lovord över det han skrivit tyckte nu att han kunde strimla samma folder. Domaren brukar göra så dagar när han inte är på topp. Då matar den på med jämförelser som sällan är till hans fördel.

Efter att Domaren skapat dålig stämning kom sedan Problemlösaren in och målade upp elaka bilder av hur folk skulle skratta åt hans undermåliga folder. Det tog inte slut där för efter Problemlösaren stormade även Befälhavaren in och ropade "om du bara läser lite artiklar, skriver om allt och jobbar över några timmar så kommer du känna dig bra sen!". Befälhavaren brukar göra så. Komma in och kräva prestation av honom.

Noterade du förresten hur ombytlig Domaren var i det här fallet? En dag lyrisk, nästa dag riktigt kritisk. Så borde Juhani fortsätta lyssna på den här ombytliga Domaren?

Som i exemplet ovan kan en av figurerna dra igång de andra. Genom att lära sig känna igen vem som oftast brukar dra iväg dig - och bli medveten om vilka tankar som hjärnan producerar just i stunden - så uppstår en valmöjlighet. Följa/lyda/köpa tanken?

VERKTYG FÖR ATT SKAPA MEDVETENHET

Du kan använda övningarna och insikterna i det här kapitlet för att bli mer medveten om dina tankar. I vardagen är det säkert utmanande att minnas allt som vi gått igenom; Domare, Tidsresenär, Befälhavare och Problemlösare - det kan vara svårt att hålla allt det i huvudet! Försök att hitta något enkelt sätt att "upptäcka" de olika processerna. Vårt förslag är att du ställer de här frågorna till dig själv:

➤ Tid?

Är mina tankar här och nu? I det förgångna eller framtiden? (Tidsresenären)

➤ Analys?

Letar jag efter svar? Letar jag efter en lösning? Har jag letat efter detta tidigare? Grubblar jag? (Problemlösaren)

➤ Krav?

Är tankarna kravfyllda? Säger de att jag måste agera eller göra något? Ger de order eller befallningar? (Befälhavaren)

➤ Elak?

Är mina tankar dömande, jämförande eller kritiska? Är det riktat mot någon annan eller mot mig själv? (Domaren)

Genom att ställa de här mycket korta frågeorden till dig själv kan du bli medveten om vilka av dina tankeprocesser som är igång precis just nu. Genom att lägga ihop början av dessa frågor får du ordet TANKE (Tid, ANalys, Krav, Elak). När du tränat på det kan du börja betrakta dina tankar med lite mer distans. Då blir det lättare för dig att göra medvetna val om hur du vill leva ditt liv.

HJÄLPSAMT ELLER ICKE HJÄLPSAMT?

Det vanligaste är kanske att utvärdera tankar utifrån kategorierna rätt eller fel, sant eller falskt. Den utvärderingen är så klart mycket viktig för oss ibland. Ibland leder denna jakt på definitiva svar om rätt/fel och sant/falskt dock oss bort från det liv vi egentligen vill leva. Då börjar vi leva våra liv mer inne i huvudet än ute i verkligheten.

Om du är intresserad av att leva ett liv som innehåller mer av det som är viktigt för dig så föreslår vi att du ställer en annan fråga till det som befälhavare, tidsresenär, vinnarskalle och problemlösare producerar. Är det som de producerar hjälpsamt för dig? Ta gärna en stund och fyll i tabellen nedan. Utgå ifrån dina observationer tidigare i kapitlet! Så ses vi sen i nästa kapitel.

Befälhavaren:

Hur hjälpsam?

Aldrig   Alltid

Hur brukar hon/han hindra mig från att leva det liv som jag vill leva?

....

....

....

....

Tidsresenären:

Hur hjälpsam?

Aldrig   Alltid

Hur brukar hon/han hindra mig från att leva det liv som jag vill leva?

....

....

....

....

Domaren:

Hur hjälpsam?

Aldrig   Alltid

Hur brukar hon/han hindra mig från att leva det liv som jag vill leva?

....

....

....

....

Problemlösaren:

Hur hjälpsam?

Aldrig   Alltid

Hur brukar hon/han hindra mig från att leva det liv som
jag vill leva?

....

....

....

....

SAMMANFATTNING

Vår hjärna producerar väldigt många tankar. När vi är
omedvetna om våra automatiska tankar har de stor möj-
lighet att styra vårt agerande. I detta kapitel har du fått
pröva att observera tankar. Vi har delat in tankarna i
grupper - Befälhavaren, Tidsresenären, Domaren och
Problemlösaren. Genom att bli medveten om dina tankar
kan du få en större valfrihet i ditt agerande. Du kan
också reflektera över om just den här tanken är hjälpsam
eller om den hindrar dig från att leva det liv du vill leva.

7. Värden som riktning på färden

VARFÖR ÄR DET VIKTIGT MED RIKTNING?

Föreställ dig en båt på havet. På båten finns en kapten som står vid styrspaken och bestämmer vart båten ska åka. När kaptenen står där, styr och spanar, ser han plötsligt en sten i vattnet precis framför fören. "Oj, nu måste jag agera snabbt" tänker kaptenen. Han drar i styrspaken och båten svänger babord. Kaptenen kan dra en lättnadens suck.

Efter en liten stund ser han ytterligare ett grund som kommer närmre. Kaptenen gör samma sak igen. Han svänger babord och puttrar sedan på i godan ro. Lite längre fram ser han en ö och sin vana trogen så svänger han babord igen. Var har han hamnat nu? Jo, han har hamnat i princip på samma ställe som han startade.

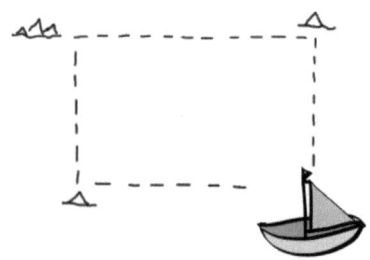

58

Om inte kaptenen har bestämt en riktning för vart han vill styra sin båt är risken stor att det är hindren som bestämmer var han egentligen hamnar. Om kaptenen istället bestämmer sig för något viktigt - ett värde som kan vägleda honom på hans resa får han en riktning för sin båt och situationen förändras dramatiskt. "Jag ska styra den här skutan västerut, jag har alltid velat upptäcka vad som finns där. Kanske hittar jag kärleken där också." tänker kaptenen och ger sig sen iväg.

När kaptenen har värden som vägleder honom (att upptäcka" och att "hitta kärleken") – kan han sedan bestämma sig för att aktivt ta små steg (utföra beteenden) som för honom i riktning mot dem. Var kaptenen hamnar med sin båt beror inte längre på de hinder han stöter på ute till havs. Om det dessutom blåser upp till storm kan kaptenen slå ner på farten under en period, men utan att byta riktning. Utan värden blir det däremot svårt för kaptenen att motivera sig till att ta sig igenom en storm - då kanske kaptenen skulle tappa motivationen och istället vända om igen.

Värden och riktning – vad är det?

Värden är det som djupt inom dig är viktigt. Det är exempelvis ditt hjärtas önskan om hur du vill vara, vad du vill göra och uppleva i ditt liv. Värden är som en fyr eller kompass som vägleder dig genom dimman.

När våra värden är tydliga för oss kan vi välja riktning. Riktningen kan vara mot det du värdesätter eller ifrån det. Om du kommer ihåg Juhanis problem i kapitel 4. Han gjorde många saker som ledde honom i riktning ifrån det han värdesatte.

VÄRDEN ÄR BETEENDEN

För att värden ska vara praktiska för dig kommer du få arbeta med att formulera dem som beteendeguider. Värden ska vara svaret på frågan "Hur vill jag agera? Vad vill jag göra?".

Värden är inte känslor. Det är viktigt att du formulerar dem som konkreta beteenden. Detta eftersom du har stor möjlighet att kontrollera vad gör eller hur du agerar. Du har däremot ganska liten möjlighet att kontrollera vad du känner eller hur du reagerar.

"Kärleksfull" är ett exempel på en beteendeguide. Det passar bra som svar på frågan "Hur vill jag agera?". Steg i riktningen "kärleksfull" kan vara beteenden som att be om ursäkt och ge en kram även om man för tillfället känner sig förbannad. "Lycklig" är exempel på en mindre bra beteendeguide. Det är en beskrivning av ett inre tillstånd. Det svarar inte så bra på frågan "Hur vill jag agera?". Det är också svårt att vara lycklig samtidigt som man känner sig förbannad.

Nu ska vi bli lite mer konkreta och närma oss dina värden och den riktning du vill röra dig mot. Vi kommer göra detta med några olika övningar. Anledningen till att det finns flera övningar är att det ökar chansen att någon av dem passar just dig.

VÄRDEFRÅGOR

- Vad är viktigt för dig?
- Hur vill du leva ditt liv?
- Vad för saker vill du investera din tid och din energi i?

- Vad vill du engagera dig i?

De allra flesta tycker nog att det här är väldigt stora frågor. Henric ska villigt erkänna att han tyckte de var för stora första gången han kom i kontakt med dem. Han skyggade för dem. Om det är vad du känner just nu så var snäll mot dig själv. Det är helt naturligt. Ta en liten stund och skriv ner svar på frågorna på ett block.

Oavsett hur du reagerar på frågorna så tänkte vi hjälpa till att konkretisera riktning och värden ännu mer. Vi bjuder in dig att göra ett litet tankeexperiment.

MIRAKELPILLRET

Föreställ dig att du får ett piller av oss. Om du sväljer det här pillret ikväll innan du går och lägger dig kommer det hända magiska saker under natten. Pillret tar bort all din ångest, nedstämdhet, oro, självkritik, rädsla; ditt dåliga självförtroende och allt ditt dåliga samvete. Smärtsamma minnen försvinner också. Allt ditt psykologiska obehag eller smärta försvinner spårlöst. Försök föreställa dig hur det skulle vara. Det kan vara svårt, vi vet, men ge dig själv chansen att bara prova.

Vad skulle du göra annorlunda efter att allt det här försvunnit? Se dig själv vakna i sängen på morgonen, gå upp, göra sig klar för dagen osv. Helt enkelt leva en hel dag utan inre obehag eller psykologiska hinder. Vad skulle du göra mer av? Vad skulle du göra mindre av? Hur skulle ditt agerande förändras? Skulle dina relationer förändras? Hur skulle du vara?

Efter miraklet skulle jag göra mer av:

....

....

Efter miraklet skulle jag göra mindre av:

....

....

TACK ! Nu har du börjat definiera viktiga saker. Du har börjat formulera och fundera på vad som är viktigt för dig. Den kunskapen har potential att vara mycket hjälpsam för dig nu när vi arbetar vidare.

Vi fortsätter med ytterligare en övning.

VÄRDEOMRÅDEN

Nedan ser du en lista med värdeområden. För varje område vill vi be dig att ställa dig själv två frågor.

> *Hur viktigt är detta för mig?* (1 – 10 där 10 betyder "Mycket Viktigt")

> *Hur mycket tid och energi spenderar jag på detta i mitt liv just nu?* (0 - 10 där 10 betyder "Väldigt mycket")

Lista med Värdeområden:

- Utvecklas och lära mig nya saker
- Utmana mig/ testa mina gränser
- Sätta gränser/ uttrycka mina behov
- Lära känna nya människor
- Vårda mina nära relationer
- Vara öppen och ärlig
- Träffa en partner
- Dela upplevelser med andra
- Ta hand om min kropp
- Ta hand om min själ
- Egen tid/ bry mig om mig själv
- Vara närvarande
- Ge plats för kreativitet och lekfullhet
- Utforska och upptäcka
- Hitta nya/ fördjupa intressen
- Resa och uppleva kulturer.
- Kontakt med naturen
- Vara spontan/ göra roliga saker
- Annat …

Räkna sedan ut skillnaden mellan de två siffrorna. Finns det något område som är viktigt för dig, men som du spenderar väldigt lite tid och energi på?

Föreställ dig att du är 80 år och sitter i din gungstol på verandan. Du sitter där och njuter av det lite ljumma sommarvädret. Du hör fotsteg på trappan och vem är det som dyker upp? Det är ett av dina barnbarn eller kanske någon av grannens barn som brukar hälsa på. Barnbarnet eller grannens barn frågar dig nyfiket: "Kan du inte berätta lite om ditt liv, vad som du tyckt ha varit riktigt roligt eller viktigt för dig?" Vad skulle du svara om du kunde svara precis det du vill om hur du levt ditt liv? Det här vill jag att mitt 80-åriga jag svarar:

....

....

....

....

....

....

NÄSTA STEG

Utgå från någon av övningarna ovan - Värdefrågorna, Efter miraklet, Värdeområden eller 80-åringen - och

fundera sedan på hur du skulle kunna börja närma dig
det som är viktigt för dig. Du kan välja en sak från "Ef-
ter miraklet" som du vill göra mer av. Du kan välja ett
Värdeområde som du angett som viktigt men där du just
nu är långt ifrån att leva som du vill.

Om du idag ska ta ett steg i riktning mot något viktigt.
Vad ska du göra då? Var konkret. Vad för aktivitet idag
skulle vara ett steg i riktning mot det som är viktigt i ditt
liv? Se sedan om du kan göra ett åtagande gentemot dig
själv - se om du kan lova dig själv att unna dig - att ge-
nomföra den aktiviteten. Skriv gärna ner ditt åtagande
här nedan.

MITT ÅTAGANDE

....

....

....

....

....

SAMMANFATTNING

I detta kapitel har vi introducerat värden. Värden är det
som är viktigt för dig på djupet och på lång sikt. Värden

handlar om hur du vill vara och hur du vill leva ditt liv. Genom våra beteenden kan vi röra oss i riktning mot eller ifrån våra värden. Med olika övningar har du fått börja fundera på vad som är viktigt för dig i ditt liv. När du börjat upptäcka vad som är viktigt för dig - vad du värderar - kan du göra ett åtagande gentemot dig själv och börja ta konkreta steg i den riktningen.

8. Din drivkraft

Du och jag är styrda av syften. Allting vi gör har ett syfte. Små, tillsynes "enkla" beteenden har ett syfte; borsta tänderna, klia sig i ögat, äta godis, titta på tv. Stora mönster av beteenden har också ett syfte; träna inför ett marathon, studera på högskola, måla en tavla. Alla aktiviteter och beteenden som vi människor ägnar oss åt har de ett syfte.

Vi tar en liten stund och föreställer oss motsatsen - att vårt beteende vore slumpmässigt. Det vore extremt opraktiskt. Föreställ dig följande; Henric dyker upp på arbetet två timmar för sent. Han har strumporna på sina

67

händer och han har knutit skosnörren runt öronen, skorna har han i munnen. I övrigt har han inte på sig en tråd på kroppen. När han får frågan om var han hållit hus spottar han ut skorna och svarar - "23:e februari!".
Henric kom för sent eftersom han bland annat började med att möblera om - ställde tv:n i duschen och kaffe-bryggaren i kylskåpet. Han hann borsta tänderna med toaborsten innan han vandrande baklänges österut.

Som du ser så är det ganska bisarrt att tänka sig bete-ende utan ett syfte eller någon typ av riktning. Vad är det som styr oss människor då?

GANSKA SIMPELT

Alla vi människor är unika på sätt och vis. Vi har olika egenskaper, smak, styrkor och förbättringsområden. Na-turen belönar mångfald. I detta kapitel ska vi dock titta lite närmare på det som vi människor har gemensamt. På vilket sätt som alla människor liknar varandra. När det gäller beteenden hos oss människor är det egentligen ganska simpelt - vi gör saker som ger oss något. Om vi inte får ut något av ett beteende, eller om vi blir bestraf-fade, så upphör vi med beteendet ganska fort. De bete-enden vi fortsätter med ger oss något av följande:

> ➤ Vi får något som vi vill ha.
> ➤ Vi blir av med något som vi inte vill ha.

KOLLA MED DIG SJÄLV

Ta en liten stund och fundera på de här två frågorna.

- Hur stor del av de aktiviteter du gör under en dag har ett syfte eller mål? Kortsiktigt eller långsiktigt.
- Stämmer det att allt du gör ger dig något?

Vi vill uppmana dig att tänka i banor av syfte gällande de beteenden du utför. Vad är målet med dina handlingar? Genom att tänka på det här sättet kan du lära känna dig själv på ett djupare plan och förstå varför du gör som du gör i olika situationer. Nu kommer en övning som vi skulle vilja att du tar en liten längre tid på dig att göra. (Du kan dock fortsätta läsa och göra andra övningar samtidigt om du vill).

VAD ÄR DET SOM STYR?

Den här övningen går ut på att börja se de stora mönstren som styr dina beteenden. Du ska närstudera dig själv och försöka svara på frågan "Varför gör jag det jag gör". Det visar sig att en ganska stor del av våra beteenden styrs av liknande syften, framför allt när vi inte är medvetna om vad som styr.

Ta tre slumpmässiga tidpunkter varje dag. Observera kort vad du gör i just den stunden. Ta sedan ett steg tillbaka och ställ dig själv frågan - varför gör jag detta? Tips: sätt larm på mobilen vid tre olika tidpunkter.

Svaren på frågan "varför?" kan så klart vara många, men försök vara så ärlig som du kan, vad kommer främst i ditt medvetande när du ställer dig den här frågan.

Du får fyra alternativ av oss. Se om du kan sortera syftet bakom dina beteenden i någon av dessa?

➤ **Undvikande:** Jag gör detta för att bli av med en jobbig upplevelse, eller slippa uppleva något obehagligt.

➤ **Quick-Fix:** Jag gör detta för att kortsiktigt uppleva en positiv känsla (glädje, lättnad t.ex.)

➤ **Berömstyrt / Måste:** Jag gör detta eftersom jag lärt mig att man "ska" göra detta – för att passa in eller vara omtyckt.

➤ **Vill:** Det här gör jag helt för min egen skull. Det här är sådant som är viktigt och meningsfullt för mig på lång sikt.

Vi föreslår att du gör en tabell med dessa fyra alternativ så att du kan bocka av vad som stämmer för dig vid de olika tidpunkterna.

LÅNGSIKTIGT, KORTSIKTIGT, MEDVETET...

Syften och mål med våra beteenden kan vara kortsiktiga (klia dig på näsan) och mycket långsiktiga (göra en överföring till pensionsparskontot). Ibland agerar vi medvetet för att nå ett visst mål och vid andra stunder är det inte medvetet för oss vad vi försöker uppnå. Om Henric lagat mat kontrollerar han så att alla spisplattor är avstängda innan han går hemifrån. Det fyller syftet att slippa obehaget att oroa sig för det senare och obehaget av att hans hem brinner ner. Det syftet är tämligen medvetet för Henric.

...OCH OMEDVETET

För andra beteenden, eller mönster av beteenden, är syftet inte lika klart för oss. Betänk följande exempel; Henric vaknar en dag och känner sig nedstämd. Han väljer då beteendet att ligga kvar i sängen och brottas med den här jobbiga känslan och sina negativa tankar. Han argumenterar emot dem, försöker att slå bort dem, han kanske kritiserar sig själv för att han har dem. Han distraherar sig genom att spela spel på sin smartphone eller genom att titta på TV. Till och från somnar han. När han vaknar och känslan finns kvar gör han mer av de här beteendena. Vad syftar alla de här aktiviteterna till? Hur ska vi som observatörer förstå de här beteendena?

Du som läser den här boken, framförallt kapitlet "Vad har du prövat...", har en ganska bra gissning till varför Henric gör alla de här sakerna; han vill försöka göra sig kvitt sin nedstämdhet. Målet är alltså att slippa något som han inte vill ha. Kortsiktigt så uppnår han säkert detta mål med det han gör. Och det är därför han fortsätter.

Poängen är att precis när Henric är upptagen med att göra detta så är han kanske inte medveten om *varför* han agerar som han gör. När vi går på autopilot är oftast målen eller syftet med det vi gör omedvetna för oss. Då kan Henric fastna i dessa beteendemönster eftersom de ger honom något kortsiktigt (distraktion eller "paus" från nedstämdhet). Samtidigt kan dessa beteenden föra honom längre bort från det liv som han vill leva; Henric vill att hans liv ska innehålla mer än att ligga i sin säng.

För att komma närmare det liv du vill leva kan det alltså vara mycket hjälpsamt med en medvetenhet om vad som styr dig.

ÄVEN HENRICS TÄNKANDE FYLLER EN FUNKTION

Det sätt Henric argumenterar med sina tankar fyller också en funktion. När han får en tanke som säger att han är värdelös väcker det en obehaglig känsla. För att minska den känslan besvarar Henric tanken med "men det kommer bli bättre…" och känner en kort stund att den obehagliga känslan minskar. Sen kommer tanken "är du säker på det…tänk om det blir värre?" och obehaget ökar igen, något som gör att Henric måste hitta en ny tröstande tanke. Det här är något vi kallar tankepingis. Oberoende hur hårt Henric smashar får han alltid bollen tillbaka. Det kan också vara så att Henric slipper känslan av nedstämdhet medan han grubblar. Varför? för att han har uppmärksamheten på tankarna istället för känslan. Alltså kan Henrics tänkande också fylla funktionen att fly ifrån obehagliga känslor.

DITT ELLER ANDRAS?

Ett av de effektivaste sätten vi lär oss på är genom att titta på hur andra gör och sedan härma. Detta kallas modellinlärning eller social inlärning. Det är inte bara effektivt att lära genom att observera andra - det har också varit livsnödvändigt för oss. Genom att anpassa vårt beteende till andra bygger vi relationer och får möjlighet att tillhöra en social gemenskap. Denna förmåga är dock inte enbart till nytta för oss - ibland kan den komma mellan oss och det liv vi önskar leva.

På autopilot kan vi eftersträva syften eller mål som kommer utifrån. Mål och syften som kommer från samhället, vänkretsen, familjen eller massmedia till exempel. Det behöver så klart inte vara någon motsägelse mellan vad du vill och vad andra tycker att du ska sträva efter. Men fundera på det ett tag - finns det något som du siktar på eller eftersträvar som du inte själv valt? Henric kan till exempel komma på fyra mål eller regler som han tror kommer utifrån.

- Man måste vara duktig.
- Man måste vara smal.
- Det är viktigt att ha mycket pengar.
- Man ska göra karriär.

Kan du se hur de här syftena - tjäna pengar, vara smal, vara duktig, skaffa en karriär - skulle kunna styra Henric på ganska många olika sätt? När Henric funderar och ställer sig frågan - strävar jag efter det här för att *jag* vill? Investerar jag energi och tid i detta för att detta verkligen är viktigt för *mig*?

➤ Duktig - Nej.
➤ Smal - Nej.
➤ Pengar - Nja.
➤ Karriär - Nej.

De här sakerna ger inte Henric en känsla av vitalitet eller meningsfullhet under någon längre period. De känns

mer som ett måste eller en börda för Henric. När han
blir medveten om att han styrs av ett syfte eller mål som
han egentligen inte själv valt kan han istället fokusera
på att engagera sig i det som han själv tycker är verklig-
en viktigt.

VILL DU HA EN NY FÖRDELNING AV DITT ENGAGEMANG?

Det finns inte någon norm, inget rätt eller fel när det
gäller vad som styr oss. Ingen annan kan definitivt av-
göra om du eller vi har balans eller lever det liv vi helst
av allt vill. Men om livet ibland känns grått, tråkigt,
icke-vitalt kan vi rekommendera att analysera det du gör
utifrån resonemanget i det här kapitlet. Fördelar du ditt
engagemang och din energi på det sätt som du vill?

SAMMANFATTNING

Allt vi gör har ett syfte. Vi får något vi vill ha, eller så
blir vi av med något vi inte vill ha. Våra beteenden kan
ha långsiktiga och kortsiktiga syften. Våra syften kan
också vara medvetna eller omedvetna. Genom att göra
syftet bakom våra beteenden tydligare för oss själva kan
vi medvetet välja vårt agerande så att vi lever det liv vi
vill. I detta kapitel har du fått kartlägga vad det är som
styr dig i olika situationer.

9. Var är du nu?

HUNDVALPEN

Föreställ dig att du är ute och går med din hundvalp. Du har bestämt dig för att uträtta lite ärenden och sen ska du gå på dejt med någon du verkligen vill träffa. Medan du går låter du hundvalpen styra och du följer efter. Under en stund går du och hundvalpen mot det håll du planerat. Sen springer hundvalpen iväg till höger, sen vänster, ibland stannar den upp och nosar länge på ett par buskar, sen skuttar den ivrigt iväg genom ett buskage och du följer efter.

Uppmärksamheten fungerar på samma sätt som en hundvalp. Den är nyfiken och vill utforska världen. Den styrs av kortsiktiga vinster och har inte alltid särskilt långsiktiga mål eller fokus. Den vill tidvis skutta iväg i en riktning, sen vill den stanna till och sniffa på alla dofter den möter.

Om hundvalpen alltid fick välja riktning, skulle du då komma dit du vill? Skulle du få träffa den där dejten du verkligen vill träffa eller uträtta dina ärenden? Eller skulle kaptenen i kapitel 7 tagit sig fram till sitt mål om han bytt riktning så fort han fick en impuls eller en kommentar från hjärnan som sade "åk i morgon istället!"

...OMEDVETEN FRÅNVARO

För att beskriva hur ofta vår uppmärksamhet faktiskt är någon annanstans än här och nu får du nu några frågor att fundera på.

- Vad åt du till frukost i morse?
- Vad skall du laga för mat ikväll?
- Vad behöver du handla till middag ikväll?
- Vad ska du göra när ångesten, hjärtklappningarna, avsaknaden av lust dyker upp?
- Om jag säger mjölk, vad tänker du på då? eller om jag säger spik, vad tänker du på då?

Vid alla dessa frågor så släppte du antagligen uppmärksamheten på det som händer runt dig. Du flyttade din uppmärksamhet från det yttre till att ägna dig åt tankeprocesser mellan öronen. Det här kapitlet handlar om är att bli en mera fokuserad observatör av vad din hundvalp gör och att i viktiga stunder lära den att "gå fot" när den lämnat det som finns just här och just nu. Annars är risken stor att du går på autopilot och låter hundvalpen fatta beslut som för dig ifrån det som du faktiskt vill göra i livet eller att du går miste om stunder där du vill vara närvarande.

Tänk dig följande exempel: du är en person som verkligen tycker om att vara tillsammans med andra människor och får mycket energi av det. Nu är det ju så att du tyvärr utvecklat panikattacker eller blivit nedstämd efter lång tids stressande. Attackerna/ olusten och de elaka tankarna är förstås jobbiga och du vill helst inte kännas vid dem.

En kompis ringer och frågar: "vill du komma på fest, det blir jättemycket roligt folk!?" Vad svarar du om hundvalpen får bestämma?

Vad skulle du helst svara om panikattackerna/ nedstämdheten inte var ett problem?

OLYDIGA HUNDVALPAR

Henric blev bjuden på middag av hans flickvän förra veckan. Hon gör sällan mat men nu hade hon lagt ner mycket tid och kärlek. När de satt sig ner för att äta frågade han "hur har din dag varit?". Han ville lyssna till det hon berättade, men något hon sade förde hans tankar till en presentation han skulle hålla dagen efter; och mer specifikt till tankar på att han inte riktigt visste hur han skulle lägga upp den. Så problemlösaren steg in på scen och började jobba. Under tiden han åt med sin flickvän var han inte närvarande, snarare omedvetet frånvarande. Han lyssnade knappt med ett halvt öra till det hon berättade samtidigt som gaffeln åkte in och ur hans mun utan något större fokus på hur maträtten smakade.

Kan du komma på ett tillfälle under senaste veckan då din hundvalp lurat iväg dig? Ta gärna ett exempel där du gjorde något som är viktigt för dig. Exempelvis under ett samtal med en vän, när du gjort en aktivitet du tycker om, osv.

TRÄNING AV UPPMÄRKSAMHET

Vi är försedda med en hjärna som snabbt hoppar från en tanke till en annan. Den ser blixtsnabbt samband, olikheter, associerar, etc. Det kan vara svårt att vara i nuet. Vi blir ju hela tiden bombarderade med saker vår hjärna vill att vi ska ge vår uppmärksamhet åt.

Att bli bättre på att sålla i sådant vi vill ge vår uppmärksamhet åt är en färdighet/ kunskap som vilken annan. Om du vill lära dig spela gitarr räcker det inte med att köpa en gitarr och ta en lektion. Du behöver träna.

Studier har visat att regelbunden uppmärksamhetsträning ger många positiva effekter, bland annat bättre koncentration, minne och förbättrad inlärningsförmåga. För att få din uppmärksamhetsmuskel att växa räcker det som sagt inte med att läsa den här boken (även om redan det kan vara träning). Vi börjar med vardagsmotion. Precis som det är hälsosamt att ta trappan istället för hissen eller ta cykeln istället för bilen är det en bra vana att göra fler aktiviteter medvetet närvarande.

➢ Välj en situation varje dag (och hur lång tid du vill öva) till exempel:

- Till och från skolan eller jobbet
- Lunchen
- Borstar tänderna
- Duschar
- Äter middag
- När du står i kö / handlar / går på stan
- Promenad

➢ Välj hur du vill vara närvarande / var du vill placera din uppmärksamhet. Se förslag under rubriken "Fokuspunkter" nedan

- Andning
- Kroppen
- Ljud
- Synintryck
- Smaker / Lukter

➢ När du märker att uppmärksamheten lämnat det du placerat den på, återvänd lugnt och vänligt till det du valt.

Upprepa punkt 3 tills aktiviteten är slut.

Fokuspunkter:

ANDNING:

Följ din andning och håll kvar uppmärksamheten på hur den känns. Du kan observera hur det känns i näsborrarna när luften åker in och ut. Du kan lägga märke till bröstkorgen och/eller magen som åker ut och in när du andas.

KROPPEN:

Håll uppmärksamheten i kroppen. Lägg märke till hur det känns där huden kommer i kontakt med yttre föremål - till exempel fotsulorna mot golvet eller rumpan mot stolen om du sitter ner. Om du rör dig - hur känns det i din kropp då? Hur känns kläderna mot kroppen?

LJUD:

Se om du kan upptäcka tre olika ljud. Håll kvar uppmärksamheten på varje ljud under en stund. Fokusera hela din uppmärksamhet på hur det låter. Är ljudet dovt eller vasst? Är det starkt eller svagt? Rör det på sig? Om du är tillsammans med andra kan du låta din uppmärksamhet få vara på det som sägs.

SYNINTRYCK:

Välj ut ett föremål / objekt som finns i ditt synfält just nu. Lägg märke till färger, former, rörelse, avstånd etc.

SMAKER / LUKTER:

Utforska vad någonting smakar. Var i munnen kan du känna olika smaker. Förändras smaken över tid? Är smaken söt, sur, besk, salt, osv? Lägg märke till om du kan känna några dofter i din omgivning alternativt ta en blomma eller liknande och observera dess naturliga doft.

Vardagsträning på det här sättet kan vara en bra väg in i uppmärksamhetsträning, ett sätt att skapa nya vanor. Om du vill utveckla och utmana dig själv lite i den här träningen föreslår vi att du, utöver din vardagsmotion, också går till gymet ibland. Med gym menar vi formell, sittande uppmärksamhetsträning.

GÅ PÅ GYMMET

1. Ställ en timer på 10 minuter.
2. Sätt dig på en stol.
3. Stäng ögonen.
4. Placera uppmärksamheten på andningen.
5. När du märker att uppmärksamheten dragit iväg, för den tillbaka till andningen.
6. Fortsätt med detta tills timern ringer.

Som hjälp i din uppmärksamhetsträning finns det också en guidning på nätet som vi skapat för läsare till den här boken. Du hittar den här:

http://tiny.cc/KMN10

EN GANSKA VANLIG EFFEKT AV TRÄNING

När man börjar träna är det inte ovanligt att man känner att uppmärksamheten är splittrad. Man kan till och med känna att man har svårare med uppmärksamhet än tidigare. Detta är vanligt. Det är en följd av att du börjar lägga märke till hur ofta din hundvalp sticker iväg på egna äventyr. Något du inte lagt märke till tidigare. Faktum är att hundvalpen ska vara nyfiken. Det är så den är. Om hundvalpen hela tiden skulle sitta stilla och inte ivrigt röra på sig skulle vi bli oroliga. Vad vi menar är att din uppmärksamhet på samma sätt kommer vandra iväg, om och om igen. Det är lätt att bli irriterad och förbannad när det sker. Men det är en hundvalp som inte vet bättre. Med träning kommer du dock blir bättre och bättre på att styra din hundvalp.

TIPS 1 Vi föreslår att du prövar på uppmärksamhetsträning redan nu där du sitter. Bara testa att ställa mobilen eller en äggklocka på mellan 2-5 minuter och välj någon av fokuspunkterna från övningen Vardagsmotion som hjälp.

TIPS 2 Vi är alla olika tränade på att vara närvarande. För vissa är det lättare än andra. Om du tycker det är riktigt svårt föreslår vi att du börjar med kortare träningspass. Varför inte börja med bara en minut och sen vartefter det blir lättare öka tiden.

SAMMANFATTNING

Vår uppmärksamhet fungerar ungefär som en hundvalp - ständigt i farten, energisk och nyfiken på tankar, ljud, minnen, associationer och funderingar. Det är normalt att vår hjärna vandrar mellan olika saker, men det kan leda till att vi blir frånvarande när vi egentligen vill vara närvarande. Ibland kan vi tappa fokus på vad som är viktigt för oss. Med uppmärksamhetsträning kan vi träna vår uppmärksamhet att lättare återvända när den lämnat det vi vill fokusera på. Forskning har visat att sådan träning kan bidra till större välmående och mindre stress.

10. Är du nyfiken?

Du minns hur Juhani hanterade sitt inre obehag i kapitel 4 - "Vad har du prövat, hur har det funkat?". Det gick inte så bra för honom. Han försökte på diverse olika sätt bli av med det obehag han kände. Vi ska titta lite närmare på detta med hjälp av ett tankeexperiment. Föreställ dig att vi har ett högteknologiskt mätinstrument som kan mäta två saker:

1. Styrkan på obehaget (0-10)
2. Graden av villighet att uppleva obehaget (0-10)

Tänk dig att vi kopplar upp Juhani mot detta mätinstrument när han har börjat undvika socialt umgänge. Hans obehag är högt, medan graden av villighet är låg.

Juhani försökte lösa sitt problem genom att kontrollera den första mätaren; styrkan på obehaget. Hans problemlösande hjärna intalade honom att det var det enda han kunde göra. Konsekvenserna för Juhanis livskvalité har du redan läst om.

Juhani hade allt fokus på att försöka påverka obehagsmätaren. Han var inte ens medveten om att den andra mätaren (villighet) existerade. Än mindre visste han att det faktiskt är möjligt att träna upp villigheten.

När vi väljer att medvetet använda villighet som strategi i svåra situationer öppnas helt nya möjligheter för oss. Vi kan släppa fokus på den vänstra mätaren och lugnt och försiktigt jobba med den högra. Det ska vi titta närmare på i detta kapitel. Först en kort övning så att du får en kroppslig upplevelse av vad villighet kan innebära.

Ta fram en ryggsäck eller väska. En plastpåse går också bra. Fyll den med 5-6 böcker, eller så många du har i närheten. Väskan ska väga något kilo när den är fylld. Den här väskan ska nu få symbolisera en upplevelse som du tycker är obehaglig. Det kan till exempel vara en känsla av otillräcklighet, ångest, nedstämdhet eller något smärtsamt minne. Nu ska du få pröva lite olika förhållningssätt till denna obehagliga "ryggsäck" och därefter fundera lite över förhållningssättets konsekvenser.

Förhållningssätt 1:

Ställ dig upp. Greppa väskans handtag med båda händerna. Sträck sedan ut dina armar rakt framåt. Försök att hålla väskan så långt bort ifrån dig som möjligt. Håll väskan där tills du inte orkar längre.

➢ Ungefär hur länge orkade du hålla väskan så här?

➢ Hur var känslan i kroppen? Förändrades den med tiden?

➢ Hur mycket energi gick det åt till detta förhållningssätt?

Förhållningssätt 2:

Ställ dig upp. Ta väskan i din famn så att dina händer är på väskans undersida. Håll väskan nära dig, så att den är i kontakt med din överkropp. Håll väskan så här ett tag.

86

> Ungefär hur länge skulle du orka hålla väskan så här tror du?

> Hur var känslan i kroppen? Förändrades den med tiden?

> Hur mycket energi gick det åt till detta förhållningssätt?

Den här övningen visar något som står i motsats till vad vår problemlösande hjärna skulle tro: Ju mer kontakt jag har med det som är obehagligt desto mindre blir konsekvenserna för mig. Det kräver mindre energi och jag kan vara mer avslappnad. Att träna villighet är att träna Förhållningssätt 2 och att bli bättre på att märka när vi hamnat i Förhållningssätt 1.

VAD ÄR VILLIGHET?

Med villighet menar vi att ha mod, det vill säga. att våga öppna upp:

> för alla typer av tankar

> för alla budbärare din kropp skickar i form av känslor

> för att känna ditt stressystem och de reaktioner de framkallar i din kropp

Villighet är att öppna upp för alla tankar, känslor och förnimmelser i kroppen. Att närma sig dem och göra plats för dem; att se dem för vad de verkligen är. Väl medvetna om att vissa upplevelser kommer sätta vår villighet på prov.

Du kan uppleva det som att du kommer i kontakt med ett argsint lejon till en början. Men om du vågar närma dig obehaget kommer du märka att det mer liknar en förklädd kattunge som är förbannad. Ju mer du försöker undvika kattungen desto värre upplever du den. Du matar den med undvikande. Undvikande är som ett turbofoder!

Villighet handlar om att inte ödsla energi på att försöka bli av med jobbiga upplevelser. Istället för att bränna energi på att försöka förändra det vi tänker eller känner så använder vi energin till att göra sådant som är viktigt och meningsfullt för oss. Det kan handla om att träffa vänner fastän man kanske får hjärtklappning och känner sig orolig. Ett annat exempel är att man ägnar sin uppmärksamhet och är närvarande med barnen/ partnern fastän hjärnan är rastlös och kräver att du diskar/städar/målar om köket.

KONSEKVENSER AV OVILLIGHET

Vi har alla viss träning i villighet, men vi kanske inte alltid är medvetna om att det just är villighet vi använt som strategi. Föreställ dig att du ska gå fram till en eventuellt blivande partner och fråga ut denne på en dejt. Innan du skall gå fram till den tänkbara partnern kan du känna att dina ben skakar, hjärtat bultar och hjärnan formligen skriker ut anledningar till varför du skall vända om och gå därifrån.

Vi överdriver lite och tänker oss att din villighetsmätare är på 0. Ditt obehag pendlar mellan 7 och 10. Du vill verkligen inte ha de där jobbiga tankarna som säger "han/hon kommer avvisa mig, skratta mig rätt upp i ansiktet när jag frågar om en dejt". Du vill inte heller kännas vid hur hjärtat bultar i kroppen, att du blir yr eller snurrig. Det här vill du under inga omständigheter uppleva!!

- Med starkt obehag och utan villighet - vilka är dina handlingsalternativ?
- Vilka fördelar för ditt beteende med sig på kort sikt?
- Vilka nackdelar för ditt beteende med sig på lång sikt?

HUR JUHANI VÄNDE PÅ SKEPPET

För att ytterligare illustrera vad vi menar med villighet tar vi in Juhani igen. Exemplet handlar om när han började bryta sig ur den onda spiral han fastnat i. Hans förändring började med att han saknade det liv han haft tidigare; att det liv han nu hade var fattigt i jämförelse. Han hade försökt kontrollera, kontrollera och kontrollera sina inre obehag. Men inget hade lyckats. Tvärtom kom strategierna med ett högt pris.

Juhani bestämde sig för att gå på ett kalas hemma hos en vän. Innan han gick hemifrån kände han sig yr och skakig i hela kroppen. Han visste att det fanns människor där som han inte kände, vilket gjorde honom extra nervös. Innan han knackade på kände han hur hjärtat bultade, hur tankarna om hur illa det skulle gå flög i ilfart mellan hans öron. När han hälsade på människor på kalaset sade hans hjärna åt honom att "du är spänd", "du stirrar", "vad ska andra tänka om du svimmar!?". Samtidigt kunde han känna ett starkt pirrande obehag i hela kroppen.

Istället för att som tidigare försöka lugna sig med självprat/ peppande ord och andra strategier med syfte att försöka lugna sig valde Juhani en annan väg. Han lät de elaka tankarna finnas där, han försökte att inte kämpa emot hans kroppsliga reaktioner. Han försökte inte ens andas lugnt för att få ner pulsen. Han lät helt enkelt allt vara precis som det var, utan att försöka förändra något av det han kände.

Obehaget fanns kvar, egentligen under hela kalaset. Men något annat hände. Han kunde tidvis glömma bort det när han var försjunken i en diskussion om något han tyckte var intressant. Obehaget förändrades också. Det blev inte lika påtagligt. Det var som att udden försvann. Hjärtklappningen lade sig och pirret minskade. De elaka tankarna dök inte heller upp lika ofta.

Vad Juhani gjorde var något som kallas exponering i psykologiska termer. Det handlar om att genom att utsätta sig för saker som känns läskiga (utan kontrollstrategier) så vänjer sig hjärnan vid det farliga och det upplevs inte lika farligt längre.

Faktum var att när Juhani gick ifrån kalaset kände han sig väldigt glad och stolt. Han hade vågat göra något som faktiskt hade känts tio gånger mera läskigt än när han en gång i tiden hoppade bungyjump! Vad han gjorde var egentligen att inte göra något alls. Bara låta tankarna finnas där och kroppsliga reaktionerna likaså. Tankarna fick vara tankar, varken mer eller mindre. Stressreaktionen i kroppen och känslorna likaså.

LÄMNA KOMFORTZONEN

Det kanske är så att du likt Juhani fastnat i en ond cirkel av beteenden som inte för dig närmare det liv du vill leva. Du har ändrat dina beteenden och skapat dig vanor som tjänar syftet att slippa känna obehag. Du förstår nu också lite om hur det blivit så och att vanorna bara ger positiva resultat på kort sikt, men på lång sikt kommer med ett pris.

När du likt Juhani börjar ändra dina vanor och bryta dig ur den box du fastnat i kommer du sannolikt uppleva en del obehag. Det är helt naturligt. Att bryta vanor och förändra beteenden är bland det svåraste vi kan göra.

Det kommer säkerligen göra att du kommer få en stressreaktion i kroppen – detta då hjärnan tolkar det du gör som något farligt. Du kommer kanske känna hjärt-klappning och möta tankar som målar upp hotande bilder. Det du kommer arbeta med är...

EXPONERING – ATT MÖTA OBEHAG MED VILLIGHET I SMÅ STEG

Exponering handlar om att träna sig i att stanna kvar i situationer som du tidigare flytt ifrån; att stanna kvar i det obehag du upplever utan att försöka minska eller bli av med det; att stanna kvar fastän hjärnan skriker FARA och hjärtat bultar; att göra saker som är viktiga för dig fastän hjärnan målar upp elaka hotbilder. Det handlar om att ta kontrollen över ditt liv och bli kapten över din egen båt. Att styra båten mot de farvatten där just du kan komma i kontakt med glädje, mening och vitalitet.

Exponering är effektivt och ett mycket vanligt verktyg i psykologisk behandling. När du stannar kvar i jobbiga situationer lär du dig nya saker. Det viktigaste är att du lär dig att känslor och obehag inte är något farligt. Som alltid när vi ska lära oss något är det viktigt att repetera flera gånger. Därför kommer du arbeta med upprepade exponeringstillfällen.

För att kunna lära sig nytt är det viktigt att inte bli överväldigad av obehag. Därför kommer du arbeta med att stegvis öka obehaget. Du kommer att ta små steg och sakta men säkert arbeta upp din villighet för obehag. Ungefär som att gå i en trappa; det är mycket svårt att hoppa tio trappsteg uppåt på en gång, men om du tar ett steg i taget når du ändå nästa våning.

SÄKERHETSBETEENDEN OCH TRYGGHETSSIGNALER

Hjärnan är mycket kreativ i sina försök att slippa känna obehag. Säkerhetsbeteenden och trygghetssignaler är två sätt som kan komma i vägen vid exponering. Säkerhets-beteenden kan till exempel vara att undvika ögonkon-takt. Det kan vara "osynliga" beteenden som att upprepa för sig själv "snart är det slut, snart är det slut, snart är det slut..." i tankarna. Kort sagt: säkerhetsbeteenden syftar till att slippa kontakt med obehaget som väcks i situationer. Trygghetssignaler är saker eller personer som skänker dig tillfällig trygghet och som därför kan göra exponeringsarbetet mindre verksamt. Till exempel att alltid gå på stan med sin partner ifall du skulle drabbas av en panikattack.

Fundera över vilka beteenden - synliga och osynliga - som du tror fungerar som säkerhetsbeteenden för dig. Fundera också över om du har några trygghetssignaler som du känner dig "beroende" av.

ALLT KAN BLI SÄKERHETSBETEENDEN

Hjärnan är som sagt kreativ och ibland lite slug. Nästan allting kan omvandlas till ett säkerhetsbeteende eller trygghetssignal. Alla verktyg som vi beskriver syftar till att öka kontakten med det som händer just nu. För att exponering ska fungera måste du stanna kvar i ditt obehag. Det är helt centralt att du håller kvar och återvänder till det obehag som dyker upp.

Att söka trygghet och säkerhet är som sagt något helt normalt och fullt mänskligt. Så se om det går att vara vänlig mot dig själv och din autopilothjärna när du kommer på den med att göra sitt jobb.

EXPONERINGSTRAPPAN

Välj några saker som du verkligen skulle vilja göra mer av i ditt liv. Till exempel aktiviteter som du gjort tidigare men slutat med på grund av att något obehag kommit i vägen. Om du vill kan du snegla på övningen från kapitlet "Värden för att ta ut riktning på färden" som heter "Efter miraklet". Där bad vi dig att fundera över vad du skulle göra mer av om ditt obehag plötsligt försvann.

➤ BYGG DIN TRAPPA

Gör en lista med 10 aktiviteter som du skulle vilja göra men som är förknippat med obehag för dig. Försök gissa hur mycket obehag var och en av de här aktiviteterna kommer väcka hos dig. Tänk dig en skala från 0-100 där 0 betyder "inte obehagligt överhuvudtaget" och 100 innebär "extremt obehagligt, det värsta jag någonsin har varit med om".

➤ TA ETT STEG I TAGET

Ordna aktiviteterna efter hur obehagligt du tror det kommer vara. Gör ett åtagande inför dig själv att börja med steg 1. Bestäm dig för när du ska ta det första steget. Var gärna mycket konkret; Vilken dag? Vilken tid?

➤ REFLEKTERA

Efter att du tagit steget så kommer den *extremt viktiga* reflektionen:

- Hur starkt var obehaget som mest?
- Vad hände med dig när du upplevde obehaget?
- Förändrades upplevelsen av obehaget över tid på något sätt?

Jobba dig sedan genom exponeringstrappan successivt och målmedvetet. Men stressa dig inte igenom arbetet. Stanna upp mellan stegen och reflektera över hur upplevelsen var i stunden. Hur kändes det efteråt? Vill du stanna på detta steg en stund och göra om steget igen? Gör det om det känns rätt för dig. Det är ingen tävling.

Verktyg vid exponering

Nu till några verktyg som du eventuellt kan använda när du ska börja gå uppför din exponeringstrappa. Några av verktygen har du redan tränat på i tidigare kapitel; några verktyg är kanske första gången du stöter på. Träna gärna på något eller några av verktygen innan om du vill använda dig av dem. Se verktygen som stödhjul du kan använda innan du kan cykla helt på egen hand. Det är viktigt att du använder stödhjulen mindre ju längre tiden går. Annars kan exponeringen bli mindre effektiv.

Observera känslan:

En stor del av känsloupplevelser skapas rent kroppsligt i bröstkorg och mage. Det här verktyget går ut på att studera känslan i kroppen med nyfikenhet. Se om du kan notera var din känsla sitter i kroppen. Notera hur den kroppsliga upplevelsen är; varm/kall, hård/mjuk, lätt/tung, om känslan skulle ha en färg - vilken färg skulle det vara då? Återvänd till känslan gång på gång och se om den förändras.

Släppa spänningar:

Din kropp kommer att spänna sig när du exponerar dig för obehag. Det är din kropp som försöker hjälpa till, men dessvärre leder kroppslig spänning ofta till att upplevelsen av obehag blir starkare. Du kan märka att du börjat spänna dig i kroppen till exempel genom att axlarna åkt upp, att käkarna är hårt ihopbitna, händerna är knutna eller att du känner en gradvis växande muskelspänning i hela kroppen ibland med skakningar som följd. När du märker att du börjat spänna dig kan du försöka att på nästa utandning slappna av i kroppen. Låt axlarna sjunka ner, öppna händerna, låt andningen få komma ner ända ner i magen. Upprepa detta så att du med varje utandning slappnar av lite till i kroppen.

Balansera andning:

Ett tydligt tecken på att kamp/flykt-systemet är igång är att andningen blir snabbare och grundare. När andningen är snabb och ytlig kan också obehaget byggas på med yrsel och oro. När du märker att andningen varvats upp - ta några ögonblick och balansera den. Räkna till fyra på varje inandning, och sedan till fyra på varje utandning. Se om du kan föreställa dig att du skickar luften du andas in till stället i kroppen där obehaget finns för dig. När du andas ut se om det går att föreställa dig att du andas ut från stället där obehaget sitter för just dig.

Observera tankar:

Det här verktyget känner du igen från kapitlet "Dina tankar". Ta en liten stund och öppna upp och observera de tankar som dyker upp för dig när du exponerar dig för obehaget. Se om du kan lägga märke till om det är

Befälhavaren / Domaren / Tidsresenären / Problemlösaren som är mest högljudd. Försök så gott du kan att se tankarna komma, låt dem få stanna så länge de vill, och observera sedan när de lämnar ditt medvetande.

Närvaro med dina sinnen i fullt bruk:

Detta är ytterligare ett verktyg som du känner igen från föregående kapitel i den här boken. Börja med att observera din andning en liten stund, du behöver inte kontrollera den. Vandra sedan vidare med din uppmärksamhet till öronen och låt ditt fokus stanna på de ljud du kan höra i situationen (om det är en social situation kan du till exempel fokusera på vad som sägs till dig). Fortsätt sedan med att fokusera på synen en liten stund; vad kan du se där du är just nu? Vilka saker / personer kan du observera? Vilka är färgerna? Är det ljust eller mörkt? Vandra sedan vidare till övriga sinnen - känsel, lukt, smak. Pröva att endast observera och nyfiket studera vad som pågår i varje ögonblick.

Återknyta till värden:

Påminn dig om i vilken riktning du vill röra dig, vad är det för värden du vill komma i kontakt med långsiktigt? Ta med ett foto på något som påminner dig om det som är viktigt och som du vill röra dig mot.

SAMMANFATTNING

Vi kan välja hur vi möter obehagliga känslor, tankar och kroppsliga förnimmelser. Villighet är modet att möta våra upplevelser med öppenhet och nyfikenhet. Det är så klart ibland mycket svårt. Men det går att träna på.

Det är viktigt att träna på det i små steg och konsekvent över en längre tid. På så vis kan obehagliga upplevelser sluta att vara hinder mellan oss och det liv vi vill leva.

11. Förändringsarbete

Beteendeförändring kräver mycket energi i början. Att medvetet välja – och göra svåra prioriteringar – kan kännas skrämmande. Som tur är blir det lättare ju fler gånger du gör det. Övning ger färdighet. I det här kapitlet ska vi knyta ihop säcken och guida dig genom ett sätt att börja göra en förändring. Vi ska återvända till bussmetaforen från kapitel 2. Men innan vi gör det finns det tre tips vi gärna vill skicka med dig.

TIPS 1: TA PÅ DIG LABBROCKEN

När du börjar pröva på nya beteenden vill vi tipsa om att använda strategin "Trial & Error". Vi föreslår att du tar på dig labbrocken och tar fram forskaren inom dig; att systematiskt utvärdera det du gör utifrån vilka konsekvenser det ger. Vilka beteenden för dig framåt och i den riktning du vill röra dig? Vilka för dig ifrån det liv du vill leva?

Se om du kan låta det få vara ok att misslyckas och att saker inte blir precis som du trodde. Alla sådana händelser är möjligheter att lära sig och förbättra strategier. Så allt du gör som blir fel är faktiskt bra, det är något du kan lära dig av!

Forskare prövar ofta olika experiment utan att egentligen veta hur resultatet kommer bli – de har förstås ofta en idé eller hypotes de vill pröva, men vet inte säkert- på samma sätt föreslår vi att du förhåller dig till dina beteenden och vilka konsekvenser de ger dig. Var nyfiken!

TIPS 2: FÖRBERED DIG PÅ ÅTERFALL

Du kommer falla tillbaka i gamla beteendemönster. Det är helt naturligt. Förändring följer inte en spikrak bana för någon. Du har antagligen haft god tid på dig att bli van med beteenden som kortsiktigt minskar ditt obehag, men som långsiktigt inte leder dig dit du vill. Det är som en skogsväg med hjulspår. Gamla vanor och mönster har haft tid att göra djupa hjulspår i vägen. Det gör det lättare för bilar att fortsätta köra i de spåren.

Att du någon gång ibland faller tillbaka i det djupare spåret är som sagt helt naturligt. Försök bara vara vaksam på om du börjar trillas dit oftare ju längre tiden går. Då är det dags att göra något åt situationen. Att förbereda sig på återfall gör att vi kan hantera dem konstruktivt.

För att själv veta när du är på väg tillbaka in i gamla mönster föreslår vi att du redan nu fundera på vilka tecken du behöver vara vaksam på. Gör en enkel tabell och fyll i allt du kommer på i respektive kolumn.

Vi rekommenderar att du har den här listan synlig för dig och att du en gång i veckan stämmer av med den.

Beteenden i mina Gamla mönster	Beteenden i mina Nya mönster
...	...

TIPS 3: VAR SNÄLL MOT DIG SJÄLV.

Förändringsarbete kan betyda att du kommer i kontakt med situationer som är svåra och krävande. Du kommer säkerligen möta starka känslor, jobbiga tankar och kanske fatta beslut som inte ger det resultat som du tänkt dig.

När du bestämt dig för att möta den här utmaningen är vårt tips till dig att börja försöka vara snäll mot dig själv. Att du ser dig själv - din kropp och hjärna - som en helhet som behöver kärlek och respekt. Vi mår bäst och kan växa när vi känner oss sedda, älskade och respekterade. Det gäller även dig. Du behöver troligtvis inte fler hårda ord och kritiska kommentarer om dig själv.

Vi föreslår att du tar en stund varje dag eller några dagar i veckan när du sätter dig ner och tränar dig i att vara snäll mot dig. Ett sätt du kan göra detta på är att framkalla ett minne av någon person (en förälder, en mormor, en god vän eller varför inte ett husdjur) som funnits där för dig, som accepterat dig villkorslöst. Framkalla ett minne av den personen och se personen framför dig om du kan. Möt hennes blick och låt dig bli omfamnad. Stanna sen kvar och känn hur den här personens omsorg för dig omfamnar dig. Misströsta inte om du tycker det känns svårt till en början. Övning ger färdighet.

Gå tillbaka till kapitel 2 och läs igenom övningen En busschaufför. När du gjort det så ska vi börja arbeta med punkterna nedan.

Bussmetaforen kan du använda som guide för att bestämma vilka beteendeförändringar du vill göra. Börja med att fundera på ett livsområde som du skulle vilja åstadkomma en förändring inom. Om du vill kan du gå tillbaka i boken och titta på det du skrivit i kapitel 7 "Värden som riktning på färden".

> ➢ **MITT LIVSOMRÅDE:**

(arbete, familj/relationer, hälsa, intressen)

....

Fundera över vad det är för värde du vill närma dig inom det här området. Vad vill du ha för ledord eller långsiktiga målsättningar inom detta.

> ➢ **MITT VÄRDE:**

(hur vill du vara/agera, vad är viktigt för dig inom detta livsområde?)

....

....

....

Nu är det dags att börja definiera lite olika avfarter och delmål för att konkretisera vad som är steg i den här riktningen. Vi har lämnat många rader till dig här. Var så konkret som möjligt och "brainstorma" gärna fram många saker.

➤ AVFARTER OCH DELMÅL:

(Utifrån det värde du valt - vad vill du ägna mer tid till? Finns det något du vill göra mindre av som ett steg i din riktning?)

....

....

....

....

....

Nu till den riktigt spännande delen; När du ska ta av på de här avfarterna - vilka passagerare tror du kommer göra sig påminda och försöka lägga sig i? Du kanske inte vet precis vilka det blir, men vilka tror du kommer försöka skrämma dig som busschaufför när du lägger i blinkersen och gör dig redo att svänga bussen i ny riktning? Kanske har du försökt ägna mer tid åt aktiviteterna ovan redan tidigare men sedan slutat - vad var det för tankar/föreställningar eller impulser som fick dig att vända tillbaka?

> ## PASSAGERARE SOM FÖRSÖKER FÅ MIG ATT BYTA RIKTNING:

Lista några olika passagerare som du tror kan vakna till liv när du börjar ta kontroll över bussen. Fundera kring de här frågorna:

1. *Namn på passagerare.* Är det en tanke eller en känsla? En impuls? Glömska? Olust eller brist på motivation för stunden? Trötthet?

2. *Budskap och historia.* Hur brukar den försöka påverka dig som chaufför? Försöker den skrämmas eller säga att det inte är någon idé? Hur länge har den här passageraren funnits på din buss? Har ni en historia?

Nu återstår att börja svänga in på de avfarter som du vill. Genom att utgå från vart du vill ta dig, fokusera på vilken väg du ska ta och samtidigt vara medveten om de passagerare som försöker påverka dig, hoppas vi du upplever en förnyad känsla av kontroll över ditt liv!

Det här fokuset på konkreta beteenden är till för att hjälpa dig skapa nya mönster och vanor som leder dig närmare det liv du vill leva. Det kan vara hjälpsamt att konkretisera för dig själv när du ska börja och vilket som ska bli ditt första steg. Skriv gärna ner det här nedan.

➤ ÅTAGANDE

Jag väljer att mitt första (eller nästa) steg blir att:

....

....

och jag tänker ta detta steg den
...... (dag) / .... (månad).

Närmare bestämt klockan ....

TILL SIST: ATT VÄNDA PÅ STEKEN

Som avslutning vill vi ge dig ett tips på ytterligare ett sätt att använda bussmetaforen. Om du känner att ditt liv saknar vitalitet. Om du känner att du bara gnetar på och inte är i kontakt med dina känslor, eller känner dig lite avtrubbad. Kan det vara så att du gjort en tyst (kanske omedveten) överenskommelse med passagerarna på bussen? Du kör den endast på ett sätt eller på de vägar som gör att de inte vaknar och ställer till med oväsen?

Kanske är ett hejdundrande liv från passagerarna ett mycket positivt tecken? Ett tecken på att du är på väg in på outforskade vägar och att du därigenom kan upptäcka nya glädjeämnen samtidigt som du faktiskt fyller ditt liv med nya, och för dig värdefulla, aktiviteter? Det kanske kan gå att använda vår rädsla som en guide istället för att se dem enbart som ett hinder?

Vi vet att om du följer råden i boken så kommer ditt liv att förändras. Det kommer handla mer om sådant du värdesätter istället för kontroll av obehag. Det kommer handla om flexibilitet istället för att styras av gamla mönster. Det kommer handla om meningsfullhet och sprakande livskvalitet istället för kamp.

Om du använder dig av verktygen i vardagen kommer gränserna för det du tycker är möjligt att göras att flyttas - hur långt är det egentligen bara du själv som bestämmer.

Våra varmaste lyckönskningar och ett stort lycka till!

//Juhani och Henric

Epilog

En sak är Sara helt säker på när hon lämnar akutmottag-
ningen - hon vill aldrig mer uppleva panikångest! Det är
dags att lämna allt det där jobbiga, skrämmande och
tunga bakom sig. Hon börjar läsa "Första Steget" för att
försöka hitta verktyg så hon kan slippa sin stress och
ångest.

Sara har aldrig sett sina känslor som viktiga signaler.
Hon beslutade sig tidigt för att inte besvära andra med
sin oro. Hon tycker bokens prat om "känslor som signa-
ler" verkar intressant, men är ärligt talat ganska skep-
tisk. Det borde ju gå att kontrollera dem som hon kon-
trollerar annat! Hon tycker samtidigt det känns skönt att
hon inte behöver försöka vara lycklig hela tiden.

Sara använder sig av spindeldiagrammet i början av
boken. Så här ser det ut för henne när hon börjar sin
resa;

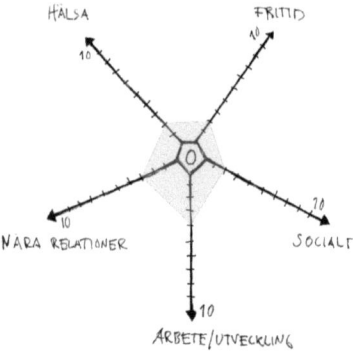

HÄLSA

FRITID

NÄRA RELATIONER

SOCIALT

ARBETE/UTVECKLING

Sara känner sig ganska förvirrad efter att ha läst kapitlet "Vad har du prövat, hur har det funkat?". Hon trodde att man som vuxen ska kunna kontrollera sig själv och att släppa fram starka känslor kunde vara något farligt. Men genom att utvärdera sina strategier ser Sara, precis som Juhani, att hennes bekymmer med stress, oro och nedstämdhet faktiskt verkar ha blivit värre med tiden. Sara har inte tänkt på att det kan hänga ihop med undvikande av sådant som är jobbigt. Sara börjar stanna upp ibland på arbetet för att fundera på om hon styrs av långa eller korta konsekvenser.

Sara känner igen sig i kapitlen "Din stress" och "Dina tankar". Hon visste inte att det var en skillnad mellan kort- och långvarig stress. Sara visste inte heller om att långvarig stress utan återhämtning kan ge panikattacker. Hon bestämmer sig därför att börja ta hand om sig själv bättre. Sara planerar in regelbunden återhämtning. Hon börjar ta korta pauser på arbetet och ser till att få egen tid när hon kom hem. Hon börjar också lägga sig tidigare trots att hon ofta får impulser som säger "bara ett avsnitt till på tv-serien sen kan du sova". För att hjälpa minnet på traven klipper hon ut bilden på bilen som behöver tanka och lägger den på kylskåpsdörren. Hon ber också sin partner att påminna henne om det; "Säg åt mig att jag måste komma ihåg att tanka också älskling".

Genom arbetet i Kapitel 6 blir Sara mer medveten om vad hennes hjärna egentligen håller på med under dagarna. Genom att träna på att observera sina tankar hittar hon ett sätt att få distans till dem. Det hjälper henne att påminna sig själv med förkortningen TANKE i kapitel 6. Hon får en paus i huvudet när hon gör så. Sara sätter upp en bild på en tankebubbla under skärmen på jobbet för att påminna sig själv om att stanna upp och observera hjärnan en liten stund.

Sara använder sig av uppmärksamhetsträningen som hon läst om i kapitlet "var är du nu?" för att komma ner i varv ibland. Hon bestämmer sig för att försöka vara mer närvarande när hon äter som en del i sin vardagsträning. För att komma ihåg att välja närvaro använder hon en konkret signal; hon låter dukningen av bordet fungera som en påminnelse för att göra lite närvaroträning i vardagen.

Arbetet med värderad riktning, drivkrafter och steg är smärtsamt för Sara. Hon börjar ställa sig stora frågor som inte har enkla svar. Saras jobb är viktigt för henne, hon älskar det. Arbetet med värden öppnar ögonen för att hon också älskar andra saker i sitt liv; sin partner, sina vänner och sin familj. Sara har omedvetet valt bort dem, och det tycker hon är jobbigt att erkänna för sig själv. Hon inser också att hon valt bort sig själv i processen. hon har slutat med mycket av det hon tidigare tyckte var roligt.

När hon funderat ett tag formulerar hon följande utkast
till värderad riktning:

> ➤ Prioritera egen tid
> ➤ Ta hand om sig själv fysiskt
> ➤ Vårda sina relationer
> ➤ Använda sitt engagemang till utvecklingsfrågor
>   på jobbet
> ➤ Sätta gränser på arbetet

Sara tar fram exponeringstrappan och börjar arbeta sig
igenom den. Hennes första steg handlar om att börja en
försoningsprocess med sin pappa. Sara vet att hon har
begränsat med tid. Genom att omtolka sin rädsla som en
signal - en signal att här finns något viktigt för dig - är
det lättare för Sara att ta upp kontakten med sin pappa
igen. Sara arbetar målmedvetet med sin egen villighet
för de här känslorna.

Att ta steg i den här riktningen är verkligen inte lätt
för Sara. Hon får påminna sig själv flera gånger om var-
för hon gör det här svåra. Hon ber också om stöd från
sin partner i tunga stunder. Det är i det här arbetet som
Sara börjar förstå pratet om att känslor är viktiga signa-
ler. Sara tycker det känns befriande att vara mindre
hindrad av sina rädslor. Så länge hon vandrar mot något
som är viktigt kan hon tåla ganska mycket märker hon.

Att börja säga nej blir hennes andra steg på expone-
ringstrappan. Det är svårt för Sara att börja säga nej till
saker, men hon påminner sig om att hon säger nej för att
kunna engagera sig i andra viktiga områden i hennes liv.

Det gör det lättare. Tredje steget är att gå hem när arbetsdagen är slut - inte jobba över som tidigare. Fjärde steget är att återuppta kontakten med en gammal vän hon har försummat. Hon är rädd för samtalet och undrar hur vännen ska reagera när hon nu plötsligt hör av sig. Resterande steg handlar om olika saker - men samtliga är kopplade till hennes värdeområden.

➢ Åka iväg på semester med partnern -trots att hon är rädd för att flyga

➢ Att vara närvarande med partnern även när hon tänker att hon inte gjort tillräckligt på jobbet.

➢ Att kommunicera till sin partner när hon är trött - istället för att som tidigare vresigt häva ur sig "inte nu!!"

➢ Samtala med chefen om sin situation och att förväntningarna på henne inte längre kan vara skyhöga.

➢ Ta sig egen tid och dansa eller träna två gånger i veckan - trots att hon får skuldkänslor och hennes tankar skriker om saker som hon måste hinna med.

➢ Bjuda hem vänner utan att städa hela huset eller göra en gourmetmåltid, vilket har varit hennes krav tidigare.

➢ Träffa vänner på stan fastän hon är rädd för att få en panikattack.

När Sara vandrar i exponeringstrappan börjar hon känna av mer ångest och till en början är hon rädd för att hon

ska få nya panikattacker. Hon använder sig av verkty-
gen "Observera känslan" och "Återknyta till värden"
när hon märkera att ångesten börjar stiga. Sara tycker
det är obehagligt till en början men det går sakta men
säkert bättre. Hon blir framförallt mindre rädd för sin
ångest - vilket hon tycker är mycket befriande.

Sara gör en ny skattning med hjälp av spindeldia-
grammet. Så här ser det ut efter att hon arbetat med sin
exponeringstrappa.

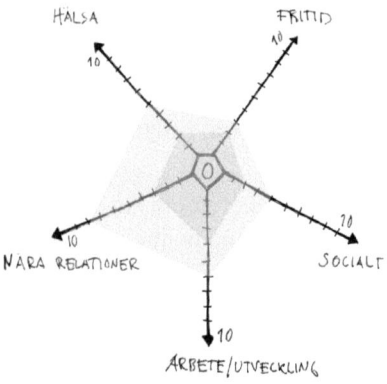

Det har gått ett halvår sedan besöket på akuten. Sara har
blivit mer medveten om sina känslor, sina negativa tan-
kar och sin vandrande hjärna. Hon har också blivit med-
veten om hur hon ibland försöker fly från sig själv. Hon
kämpar mindre mot negativa känslor och -tankar. Det
sparar energi för Sara. Den energin investerar hon nu i
viktiga relationer, aktiviteter och intressen.

Appendix I

Med hjälp av vår bussmetafor kan vi också förstå de vanligaste typerna av psykisk ohälsa. Självklart är varje individs upplevelse av sina problem något unikt och högst personligt. Vi vill absolut inte göra anspråk på att veta hur just du känner eller tänker, eller vad dina bekymmer och problem består av. Se de här exemplen som en mycket grov skiss som du använder endast om den hjälper dig att förstå din situation bättre.

DEPRESSION

Högljudda passagerare är ofta nedstämdhet, olust, hopplöshet, skuldkänslor och självkritik. När busschauffören vill svänga av på en avfart ger de sig till känna och säger "Det är ingen idé, varför ens försöka? Du kommer inte kunna ha något roligt mer. Du är misslyckad och hopplös." En av passagerarna viskar också "det är bäst du väntar tills du känner lust och motivation... i morgon är en bättre dag!" Det är mycket lätt att förstå hur busschauffören avstår från att ta några initiativ för att slippa den massiva vägg av obehagliga saker som passagerarna säger och försöker få henne att tro. Ibland kan busschauffören välja att styra bussen in på andra avfarter som "sömn", "tröstäta" eller "titta på tv" som ett sätt att slippa höra passagerarnas tjat.

ÅNGEST

Passageraren ångest sitter tillsammans med en rad andra passagerare av kroppsliga symtom; t.ex. tryck över bröstet, yrsel, stickningar i armar och ben, illamående m.m. På bussen finns också en passagerare som försöker varna busschauffören för att väcka ångesten och de kroppsliga reaktionerna. Det är som en slags rädsla för ångesten. "Passa dig, om du inte tar det mycket försiktigt kommer något hemskt att hända, du kommer få uppleva många obehagliga saker när jag väcker ångesten och dess kompisar här". Busschauffören kör försiktigt och väljer successivt färre och färre vägar eftersom rädslan för ångesten varnar - "Tänk om du åker in på den vägen och så vaknar ångesten!! Du kommer tappa kontrollen totalt! Du klarar inte av att ha ångest, du måste undvika den till vilket pris som helst!". Det är lätt att förstå hur busschauffören försöker undvika att ångesten och de obehagliga kroppsliga reaktionerna ska väckas och därför följer rädslans råd för att tillfälligt undvika obehaget som ångesten innebär.

STRESSRELATERAD OHÄLSA

Högljudda passagerare är ofta krav och förväntningar. De skriker "Du måste köra snabbare, vara mer effektiv, sträva efter perfektion". Men utöver dem finns en skara av självkritiker som hotar att vakna om chauffören inte kör snabbt eller gör som kraven säger. Självkritikerna kan hota med många olika saker som att "Vad ska andra tycka om dig om du misslyckas?" men också sätta etiketter på busschauffören som "Dum, värdelös, en bluff och inkompetent". Det enda sättet för busschauffören att hålla passagerarna tysta är att köra mycket snabbt. En annan aspekt är att när bussen börjar visa tecken på att fungera dåligt på grund av det höga tempot dyker förnekelsen upp och övertalar busschauffören - "bara en liten bit till, när du kommer fram dit kanske självkritikerna tystnar".

LÅNGVARIG SMÄRTA:

Vid långvarig smärta har du fått smärtmonstret som medresenär på bussen. Smärtmonstret är expert på förklädnad och har flera kompisar. Det är vanligt att smärtmonstret föreslår strategier som kortsiktigt minskar din oro och smärta. Men långsiktigt leder till att du plockar upp passagerarna ångest och depression (läs ovan). Smärtmonstret brukar skrika högt "du kommer få mera ont om du gör x" eller "du kan inte träffa vänner för du har inget roligt att berätta...vad ska du göra om du få mera ont... eller ditt minne är så dåligt att du inte kommer att kunna föra ett samtal". Smärtmonstret är också expert på att måla upp katastrofer. Det brukar rusa fram till dig och ropa "om du svänger av där kanske du skadar kroppen, sen hamnar du i rullstol och ingen vill umgås med dig längre efter det!"

För vissa brukar smärtmonstret istället ropa högljutt "om du svänger av mot lugn och återhämtning kommer allt obehag ikapp dig...så köööör åt andra hållet!!! vad du än gör stanna inte!!". En annan passagerare kräver att du ska vara som förut "bit ihop, nu tar du den vanliga vägen!" eller hotar dig med att du är en svag gnällspik om du funderar på köra i en riktning där andra kan se att du har ont.

Appendix II

UTVÄRDERING AV DE FÖRÄNDRINGAR JAG GJORT

Om du kommer ihåg så fyllde du i ett diagram i kapitel 2 precis när du börjat läsa boken. Nedan finner du samma diagram igen. Om du redan börjat göra förändring kan du fylla i diagrammet igen och sedan jämföra med det du fyllde i tidigare. Om du står inför att göra en förändring kanske du skall vänta lite grann innan du fyller i det igen. Diagrammets funktion är att hjälpa dig utvärdera hur nära du kommit din värderade riktning.

Om du vill kan du även använda diagrammet veckovis för att skatta dina steg mot områden som är viktiga för dig. Du kan skatta mellan 0-10 hur mycket du engagerat dig att röra dig mot ett särskilt område under veckan. Att använda diagrammet på det här sättet kan vara en hjälpsam påminnelse och medföra att det är lättare att hålla kvar vid den förändringsprocess du startat.

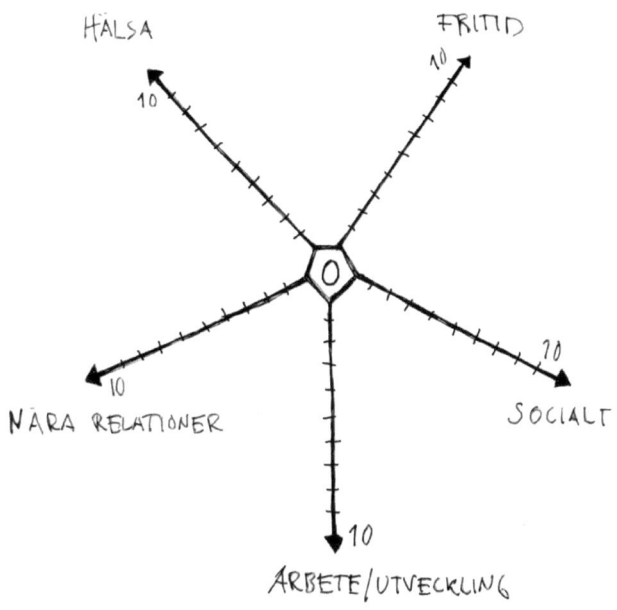

HÄLSA

FRITID

10

10

NÄRA RELATIONER

10

SOCIALT

10

10

ARBETE/UTVECKLING